Couverture inférieure manquante

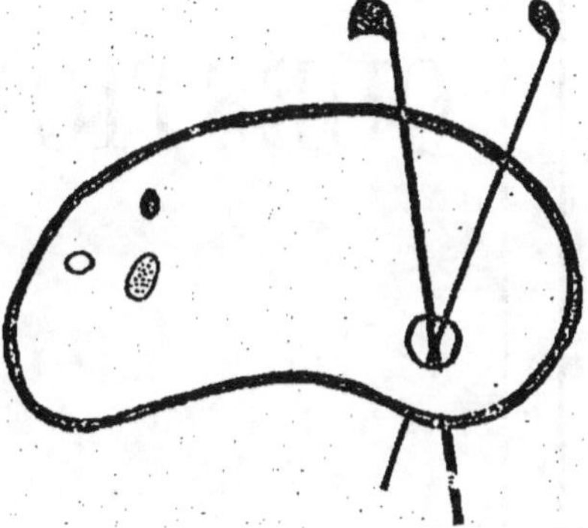

DEBUT D'UNE SERIE DE DOCUMENTS
EN COULEUR

PAUL SÉE,
INGÉNIEUR-ARCHITECTE.

LA

QUESTION MONÉTAIRE

*Extrait du Bulletin de la Société industrielle
du Nord de la France. — 1897.*

PARIS
ANCIENNE LIBRAIRIE GERMER BAILLIÈRE ET Cie
FÉLIX ALCAN, ÉDITEUR
108, BOULEVARD SAINT-GERMAIN, 108

1898

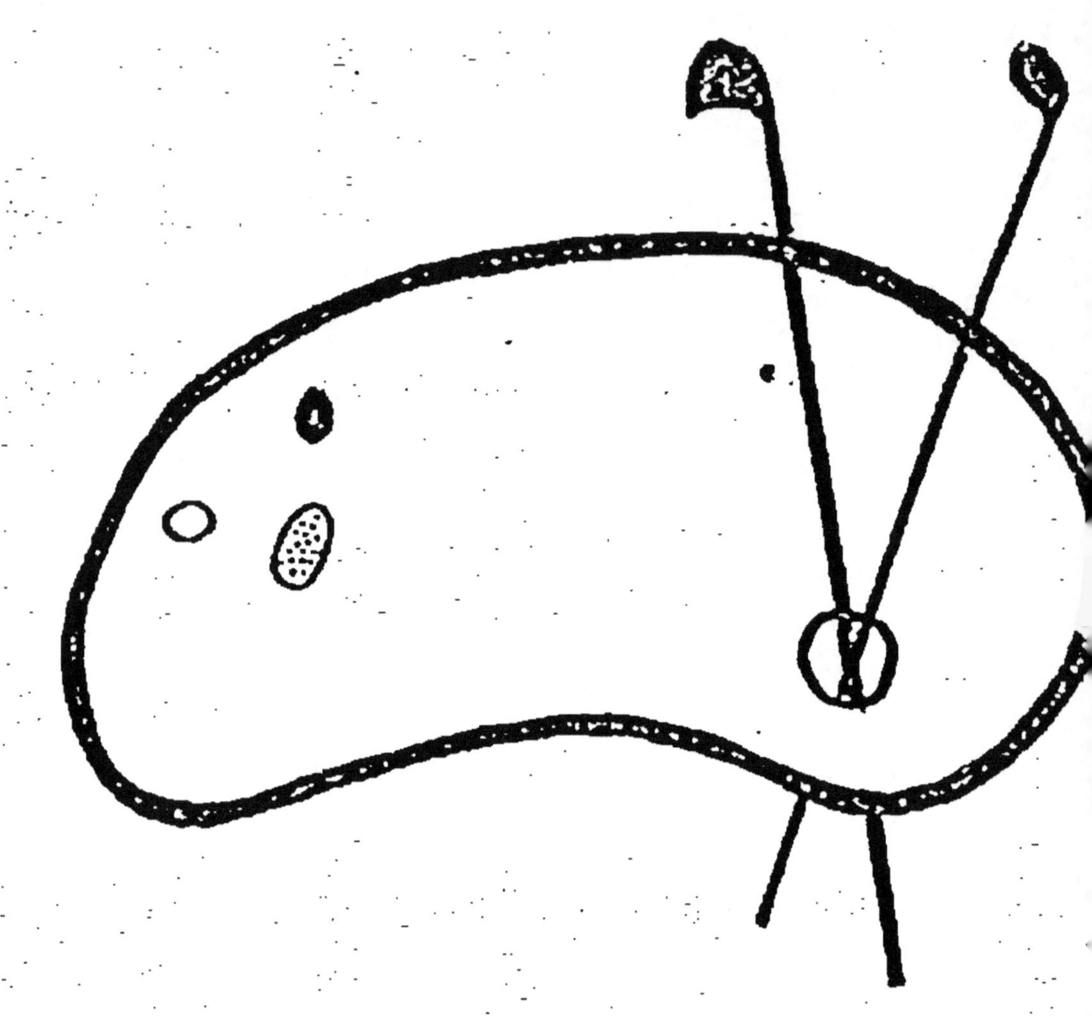

FIN D'UNE SERIE DE DOCUMENTS
EN COULEUR

LA

QUESTION MONÉTAIRE

—

L'économie politique est-elle une science?

C'est une question encore controversée dans certains milieux, surtout dans le monde du droit et de l'administration. Il faut convenir en tout cas que c'est une science d'un caractère particulier. L'étude de certaines questions économiques est vraiment déconcertante, telle est cette épineuse question monétaire qui a fait couler tant d'encre depuis 20 ans. Cela tient-il à la nature même de l'économie politique en général, à la difficulté spéciale de la question, à notre ignorance? Je croirais plutôt que les intérêts en jeu en obscurcissent sciemment les éléments. C'est un peu comme pour la liberté des échanges. Vérité en deçà du détroit, erreur au delà.

On peut affirmer à coup sûr qu'en matière économique il ne faut pas trop tabler sur les principes ou sur les axiomes. Il faut étudier les questions au point de vue national exclusivement. On est toujours sûr de ne pas se tromper de beaucoup.

Jusqu'à présent ceux qui ont écrit dans un sens ou dans l'autre ont le plus souvent exposé leurs opinions avec passion en omettant de citer les arguments adverses. Je me suis proposé de présenter successivement les arguments pour et contre de façon à laisser à chacun la liberté d'appréciation. J'ai ensuite résumé les diverses solutions proposées dans les Congrès par les hommes les plus compétents et les plus qualifiés et dont par parenthèse aucune n'a encore trouvé grâce ni dans un sens ni dans l'autre.

C'est assez dire qu'on ne doit pas attendre de moi une proposition lumineuse. Je pense que la solution est l'affaire du temps.

Notre pays, par un heureux privilège, possède des éléments de richesse tels qu'il peut attendre. Notre situation monétaire est la plus belle du monde entier, aussi le statu quo est à l'heure actuelle la solution que je préconise. J'estime que la suppression de la frappe de l'argent a été non seulement prudente mais inévitable. L'avenir nous dira ce qu'il faut faire, s'il y a quelque chose à faire. En attendant, notre crédit est en bonnes mains et nous pouvons attendre les événements avec calme et confiance. Toutefois la question est grave à plus d'un point de vue et il appartient à un groupe comme le nôtre de susciter la discussion.

Notre Société, placée comme elle l'est dans la région la plus florissante de la France et comptant parmi ses membres les sommités du monde industriel et commercial, ne peut manquer d'apporter son contingent de lumières.

Les questions économiques sont peut-être un peu trop négligées en France à l'heure qu'il est. Elles méritent plus d'attention. N'oublions pas que les nations voisines marchent à grands pas et qu'il importe de ne pas trop nous laisser devancer.

ARGUMENTS DES BIMÉTALLISTES.

Depuis 30 ans les hommes font des efforts prodigieux pour mieux se connaître, pour augmenter leurs affaires réciproques, pour activer les échanges. On dépense des sommes folles et on sacrifie de nombreux soldats, de précieuses vies d'explorateurs pour trouver de nouveaux débouchés. La politique coloniale est à l'ordre du jour de toutes les nations.

L'Angleterre ajoute tous les jours de nouveaux territoires à son immense empire.

La France cherche à refaire un domaine colonial nouveau pour remplacer celui que ses fautes politiques lui ont fait perdre depuis le commencement du siècle dernier.

L'Allemagne ne craint plus d'exposer les os précieux de ses Poméraniens pour s'arrondir en Afrique et ailleurs.

L'Italie se heurte à son tour aux obstacles de ce genre d'expansion.

L'Espagne paraît vouloir dépenser jusqu'à son dernier sou pour conserver les Antilles qui veulent se séparer d'elle.

Le Portugal se raidit contre la fatalité qui lui arrache les derniers lambeaux de son grand empire colonial.

La Russie, par un effort colossal, va coloniser en peu d'années la Sibérie d'Asie capable de décupler sa richesse.

La Belgique, sans marine, sans armée, a su se tailler une colonie immense qui, avec la patience et l'énergie qui la caractérisent, peut devenir pour elle une source considérable de profits.

Les Etats-Unis, de leur côté, marchent à pas de géants. La population et le chiffre d'affaires augmentent avec une rapidité telle qu'avant un siècle tout leur territoire sera exploité.

Partout les terres vierges sont mises en culture. Pas un point du globe où on ne voit la marche du progrès, et on peut dire que les transactions commerciales dans le monde croissent suivant une progression géométrique.

La monnaie est l'instrument indispensable des échanges, et si la quantité du métal précieux n'a pas besoin d'être absolument en rapport avec le chiffre d'affaires, il faut tout de même qu'elle suive la progression, et en tous cas on peut affirmer que la quantité de monnaie doit être au moins en rapport avec la population, si non plus, car le besoin de monnaie augmente avec l'aisance.

Il est fâcheux de constater que le développement merveilleux des moyens destinés à relier les peuples du globe, même les plus lointains, coïncide avec une grave perturbation monétaire. Cette perturbation durera tant que circulera cette masse de papier-monnaie non gagée et elle ne pourra disparaître sans le rétablissement de la fixité de la valeur de l'argent. On estime à 6 milliards 1/2 la somme totale de papier inconvertible, et la valeur réelle de ce papier, au cours actuel de l'argent, ne vaut guère que 4 milliards. Or, même avec la production actuelle de métal blanc, combien d'années faudrait-il pour produire 4 milliards? car il faut compter avec les emplois industriels de ce métal, plus importants qu'on ne croit.

L'obstacle à la réalisation de cette transformation, c'est, en grande partie, l'habitude de certains peuples, quelque préjudice qu'ils en éprouvent, de se servir de papier. Sans prétendre que la hausse de l'or est seule cause de la baisse du prix, il est impossible de ne pas reconnaître que c'en est la principale. La baisse relative du métal argent a permis, et permettra encore longtemps peut-être, aux pays à étalon d'argent, d'offrir avec profit leurs produits sur le marché international. Le retard dans l'équilibre, ce qu'on peut appeler l'inertie de la matière, chez les producteurs à étalon d'argent, ajouté à l'excès de production de ce métal, et à la diminution des frais de transport, a eu pour effet d'avilir les prix. D'un autre côté les États à circulation de papier déprécié, profitent des mêmes circonstances ; transitoirement peut-être, mais assez pour nous ruiner en attendant. Personne ne conteste qu'il n'y a pas assez d'or pour assurer une circulation monométallique dans le monde. Il semble donc évident qu'il faut y joindre l'argent qui lui-même suffirait à peine à remplir les vides.

D'un autre côté, certains pays d'Asie absorbent indéfiniment les métaux précieux sans les restituer. La difficulté, qu'il est inutile de dissimuler, c'est le maintien de la valeur relative des deux métaux. Le fait que le rapport 15 1/2 et 16 a été stable pendant trois quarts de de siècle n'est peut-être pas une preuve suffisante que ce rapport puisse être maintenu indéfiniment. La dépréciation de l'argent d'environ 55 %, survenue en peu de temps, a détruit ou ébranlé pour le moins la confiance du public dans la stabilité des prix pour l'avenir. Ce qui pourrait faciliter une transaction c'est l'entente internationale. Cette entente est la base indispensable de toute solution ; c'est à cela qu'il faut d'abord songer et il n'est pas exagéré d'espérer que la force des choses la rendra possible.

L'insuffisance de l'or comme monnaie universelle s'opposera longtemps encore, sinon toujours, à l'élimination de l'argent. Les États affligés d'une circulation de papier inconvertible, s'ils peuvent jamais la remplacer par le métal ce ne sera que par l'argent. L'or est trop bien gardé là où il est.

Les États à étalon d'or, ne paraissent pas, pour le moment, avoir de raison inpérieuse de modifier leur régime, mais ils finiront probablement par reconnaître qu'il y a autre chose à faire que de se cantonner dans leur orgueil et leur égoïsme.

Les pays à étalon boiteux, comme la France et ses satellites latins, vivent sous un régime anormal qui ne peut durer longtemps.

On a beaucoup exagéré les avantages de l'or comme monnaie peu encombrante. L'or serait évidemment très encombrant lui-même si on n'avait pas les billets de banque et autres signes.

Que l'étalon soit or ou argent la grande circulation se fera de plus en plus en papier gagé. Or comme gage l'un vaut l'autre.

La prospérité d'un État ne dépend pas seulement de l'ordre politique qui assure la tranquillité mais aussi de la stabilité monétaire qui assure la vie matérielle. Il importe moins de rendre au métal déprécié son ancienne valeur, peut-être à jamais compromise, que de chercher à en assurer la fixité dans l'avenir. Il est à espérer que la dernière tourmente a fait baisser l'argent assez près ou même au delà de sa valeur réelle commerciale et qu'une entente sur les bases actuelles du cours soit de nature à nous donner une longue période de stabilité.

Jusqu'en 1875 les inconvénients de l'instabilité monétaire réservés aux pays, dotés de papier monnaie inconvertible, étaient restés inconnus à ceux dont la circulation était établie sur l'emploi de l'argent seul ou des deux métaux. Depuis, l'écart de prix entre les deux métaux s'est étendu à une proportion telle qu'elle est de nature à entraver sérieusement le mouvement des capitaux entre les pays à étalon différent. L'or est venu s'accumuler dans quelques pays d'Europe dont la situation offre assez de garantie pour y maintenir l'étalon d'or. Cet or chassé des pays à monnaie dépréciée a été ainsi soustrait à son rôle productif et rémunérateur.

Les monométallistes or finiront-ils par le reconnaître. Les événements se chargeront-ils de le leur prouver par la force ? L'expérience de 20 ans n'est-elle donc pas suffisante ?

La question monétaire est en train de passer au premier rang des préoccupations du monde. Les solutions simplistes ne sont plus de mise. L'idée si belle de l'étalon unique commence à perdre de son crédit même aux yeux des théoriciens et des économistes en chambre. Le trouble croissant dans les relations internationales est un avertissement qu'on ne peut plus négliger. La fluctuation des changes commence à impatienter le commerce et les producteurs.

Si un événement plus grave encore ne vient, à bref délai, précipiter les événements, on peut prévoir que l'entente finira par se faire, par la force inéluctable des choses.

On ne trouve plus d'ailleurs de défenseurs entêtés de l'étalon d'or que dans les sphères gouvernementales et dans les hautes banques anglaises. Partout ailleurs, même dans les pays à néo-étalon d'or, il y a hésitation et inquiétude.

On peut certes attribuer la dépression des valeurs à d'autres causes que la baisse de l'argent, mais le parallélisme des deux courbes est au moins étrange et il est hors de doute que l'Angleterre elle-même souffre dans son commerce après avoir vu déchoir son agriculture. C'est plus qu'un avertissement. D'ailleurs le marché monétaire a suivi la même voie, même en tenant compte de l'incident Baring en 1890 dont l'effet a été promptement effacé d'ailleurs (1).

Après 1890 c'est le marché libre qui par l'abondance des capitaux impose sa volonté à la Banque. Enfin si on examine le nombre des sociétés nouvelles faisant appel aux capitaux il y a également une rapide décroissance du chiffre et hausse de la rente qui indiquent l'abondance croissante des capitaux ne trouvant plus d'emploi rémunérateur. Ces capitaux se divisent en deux courants : les uns se rejettent sur la valeur d'État, qui atteignent des cours fantastiques, les autres vont au jeu, aux aventures minières et autres. Ce phénomène s'observe ailleurs encore qu'à Londres.

Si l'abondance des capitaux a de telles conséquences je préférerais une certaine pénurie ; mais le bouleversement des relations internationales est évident.

Le mouvement bimétalliste anglais est-il sérieux ? L'Angleterre reconnaîtra-t-elle un jour que les bénéfices du monométallisme or ne sont pas sans risques sérieux.

Le commerce extérieur de l'Angleterre décline.

En 1881 les exportations par habitant étaient . . . 134 schelling
et le commerce total . . . d⁰ d⁰ d⁰ . . 400 —
en 1894 les exportations ne sont plus que . . . . . 110 —
et le commerce total . . . . 352 —
soit 20 % et 12 % de baisse en 13 ans et si on remonte à 1872 le déficit est de 30 % pour l'exportation. Or la population a augmenté considérablement, le recul est donc de 40 % pour le moins.

La principale cause de ce déclin est la baisse des prix.

---

(1) Taux de l'escompte en 1882............... 4 1/4
—   —   1884............... 2 3/4
—   —   1888............... 3 2/3
—   (Baring)   1890............... 4 1/2
—   —   1894............... 2

Le graphique E montre la relation entre le prix de l'argent et l'index Number d'après Sauerbeck. La valeur moyenne des articles de 1867-77, année moyenne 1872, est exprimée par 100.

GRAPHIQUE E

D'après M. Sauerbeck. — Baisse des prix moyens des 45 principaux articles d'échange dans le monde. 100 étant le prix moyen de 1867 à 1877.

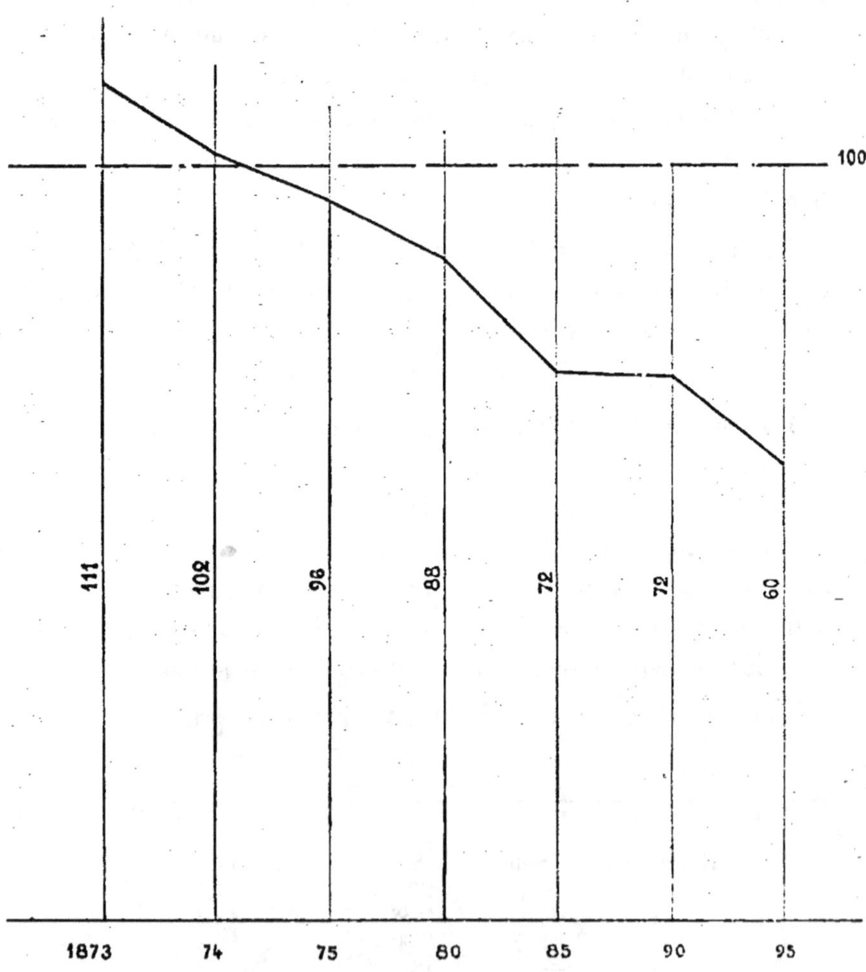

D'après M. Beston, direteur de la monnaie des États-Unis, la situation monétaire dans le monde entier en 1894 était :

```
Or........................  21 milliards.
Argent....................  21     »
Papier c. forcé...........  13     »
```

D'après Soetbeer il y aurait le *double d'argent*.

Même en Angleterre l'école bimétallites fait de tels progrès que les monométallistes intransigeants, quittent leurs airs dédaigneux et commencent à prendre peur. Ils viennent de se grouper en une *association pour la défense de l'étalon d'or*.

On parle toujours de *saine monnaie*, il est temps de réduire cette expression à sa juste valeur. L'or n'est pas seule une saine monnaie. C'est le crédit d'un État et non sa monnaie qui est plus ou moins saine.

L'Angleterre et l'Allemagne ont l'or toutes deux et cependant la première a une monnaie plus saine que la seconde. La Roumanie jouit aussi de l'étalon d'or, sa monnaie est-elle saine pour cela ? La France avec son bimétallisme boiteux a une monnaie plus saine que maints pays à étalon d'or !

La saine monnaie c'est la sécurité, l'abondance, la probité, la confiance.

Il serait curieux de rechercher quelle serait la situation de la Banque de France si on adoptait l'étalon d'or. Son encaisse d'or disparaîtrait rapidement. Actuellement elle ne conserve son or que par le fait qu'elle n'est pas tenue de payer en or mais en argent. Qui s'en plaint ? Or le stock d'or est une réserve indispensable à notre sécurité.

La situation de la Banque d'Angleterre est loin d'être aussi forte, tant à cause du monométallisme qu'à cause de ses statuts et de ses habitudes.

On cite toujours l'Angleterre et l'Allemagne pour tenter de prouver que l'étalon d'or n'empêche pas un pays de prospérer. Mais l'Angleterre, de 1816 à 1873, a profité du 15 1/2 latin. Chaque fois qu'elle en avait besoin elle faisait frapper de l'argent à Paris ou ailleurs et le changeait en or ou réciproquement pour ses besoins d'argent. L'Allemagne a pu traverser le pont grâce à l'immense drainage d'or de l'indemnité de guerre. Donc ce ne sont pas des exemples probants.

L'Angleterre court le risque de voir diminuer son commerce avec l'Orient si la question de l'argent n'est pas réglée à bref délai, aussi a-t-elle rétabli la frappe de nouvelles monnaies d'argent dans les Indes le Brittish Dollar; on en a frappé pour 3.316.072 fr. en 1895-96.

De même que le libre échange parti il y a cinquante ans de Manchester fit la conquête de l'Angleterre rebelle, de même le bimétallisme, parti de la même ville, gagne déjà du terrain et finira par l'emporter.

Il est vrai qu'il y a quelques défections comme celle de M. Balfour qui devenu ministre répudia ses premières croyances bimétallistes. Un ministre ne garde pas toujours ses opinions de l'opposition, cela se voit même en politique.

D'après M. Allard ce n'est pas l'excès de production qui fait la baisse des prix, mais bien la rareté de la monnaie. En effet de 1849 à 1872, la production de coton a augmenté de 130 % et les prix ont augmenté de 50 % tandis que dans la période suivante de 1872 à 1894, la production de coton a monté de 40 % et les prix ont baissé de 70 %.

Pour le blé même constatation. Ci-contre les graphiques D de M. Guildford-Molesworth, délégué des Indes à la conférence de Bruxelles de 1892.

D'après Neymark la valeur du sol français valait :

En 1851 . . . . 77 milliards 1/2
En 1874 . . . . 120 id
En 1887 . . . . 112 id

effet de la démonétisation de l'argent.

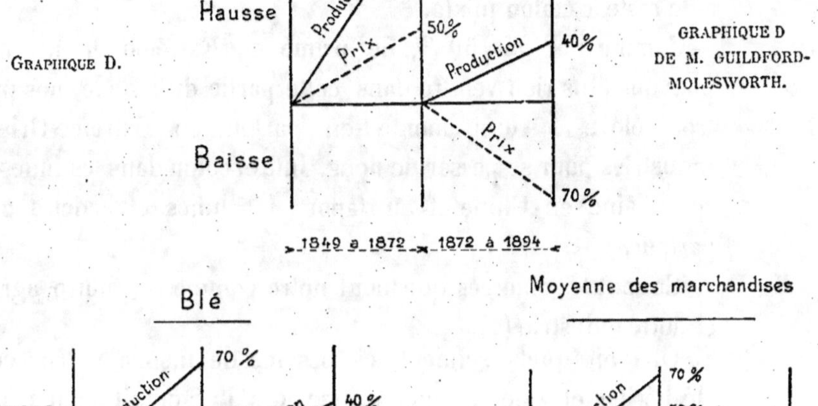

GRAPHIQUE D
DE M. GUILDFORD-
MOLESWORTH.

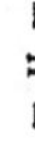

C'est la baisse des prix qui, chez nous, a rendu nécessaires les lois protectionnistes tant blâmées mais indispensables pour sauver l'agriculture, principale richesse de la France. L'Angleterre a pu sacrifier son agriculture à son industrie et à son commerce, mais la France ne le peut pas. L'Allemagne, après une expérience libre-échangiste, 1874 à 1880 a dû revenir à la protection outrée, corrigée depuis par ses récents traités de commerce. Comme dans l'artillerie elle a tiré le coup long et le coup court pour atteindre enfin le but et elle semble être dans la vérité.

Il y a 32 peuples dans le monde et 1.400 millions d'habitants, dont 150 millions seulement à étalon d'or, 950 millions à étalon d'argent et le reste à étalon mixte.

Comme l'or fait 50 % de prime en Extrême-Orient, nous ne pouvons plus rien vendre dans cette partie du monde, nos prix sont trop élevés. Aussi monte-t-on partout en Extrême-Orient des industries pour se passer de nous. Jute et coton dans les Indes; coton, soie, laine en Chine et au Japon ; machines et articles de Paris partout.

Ce sont les changes qui tuent notre commerce, notre agriculture et notre industrie (1).

On voit quels seraient les besoins de monnaie dans ces pays déshérités et quels droits protecteurs il faudrait pour compenser par exemple 250 % de change.

Pour avoir assez d'or pour tout le monde il faudrait en produire à bref délai 30 à 40 milliards. Dans tout le Transwaal il y en a à

---

(1) Cours des changes (juin 1895).

Pays à or	% de l'or.	Pays à argent et papier.			
Paris-Londres	pair	Autriche	0.92	Indes	41.07
New-York	0.46	Italie	4.54	Mexique	97.45
Belgique	0.15	Espagne	13.89	Brésil	184.61
Pays-Bas.	0.15	Portugal	26.84	Plata	250.50
Suisse	0.20	Russie	47.60	Chili	184.00
Allemagne	0.13	Grèce	43.90		

peine 10 milliards; en Australie à peu près autant. Combien d'années faudra-t-il pour les extraire et combien en coûtera-t-il de l'or existant.

La rareté de la monnaie fait déserter les placements industriels et rechercher les placements en rentes à intérêts fixes, ce qui amène un abaissement du loyer des capitaux. Depuis 1873, les valeurs ont monté démesurément la rente française 5 °/₀ a monté de 84 à 120 francs.

Les métaux précieux s'accumulent dans les banques et on ne peut vivre que pauvrement avec les rentes et les obligations garanties par l'Etat.

On estime que le chiffre d'affaire annuel du monde a progressé comme suit :

        1852   —   30 milliards.
        1872   —   72   —
        1895   — 100   —

La consommation de coton a doublé de 1870 à 1886.

        1870   —   2471
        1876   —   2975
        1886   —   4195

En 1873, on disposait de 30 milliards d'or et 30 milliards d'argent. Aujourd'hui le chiffre d'affaire a doublé et la quantité totale de monnaie a baissé de valeur par la démonétisation de l'argent ?

L'immense mouvement du XVIᵉ siècle, après la Renaissance, doit son épanouissement à l'afflux des métaux précieux qui suivit la découverte de l'Amérique. Alors on vit ces immenses travaux, les campagnes de Louis XII et François Iᵉʳ en Italie, la richesse des cours, le camp du drap d'or. L'aisance se répandit parmi les particuliers et prépara la grandeur des règnes de Louis XIII et Louis XIV; tandis que deux siècles auparavant l'argent ayant une valeur énorme il ne se manifestait aucun progrès. D'après Allard, un chapeau se vendait 4 sous en 1500 et 15 sous en 1600.

> De 1560 à 1569 l'hectol. de blé coûtait   2 gr. 43 argent
> 1570 à 1579   —   —   3, 55   —
> 1580 à 1589   —   —   5, 78   —
> 1620 à 1629   —   —   124. 36   —

Le métal blanc repoussé d'Europe y rentre sous forme de produits des pays où on l'accepte encore, Indes, Chine, Japon. Ces peuples immenses peuvent absorber les quantités énormes d'argent sans le voir baisser et sans que leurs produits haussent. Ces populations sans moyens de transport sont lentes à modifier leurs habitudes. Certes la loi de l'offre et la demande finira là comme ailleurs par s'imposer, mais trop lentement. En Europe le cours des marchandises varie tous les jours grâce au télégraphe. En Asie il faut des dizaines d'années pour modifier les prix !

Voici une lettre de M. Rob. Lacy Everet, membre de la Chambre d'Agriculture de l'East-Suffolk (*Times* du 31 décembre 1888) :

« Monsieur,

« Certains économistes prétendent que la différence de change survenue depuis 15 ans sur l'or et l'argent entre les nations à étalon d'or et celles à étalon d'argent, n'a eu aucun effet sur les prix en Angleterre.

» Voici les faits :

» Les produits indiens qui se vendaient ici à l'ancien taux du change 100 £, valent aujourd'hui 66 £.

» Pourquoi ?

» Autrefois 100 £ se changeaient contre 1000 roupies, actuellement on peut avoir 1000 roupies pour 66 £.

» Le produit indien est offert en Angleterre aux 2/3 de son ancien prix exprimé en or, et les produits anglais suivent ce cours, de là ruine générale du producteur.

» Mais le cultivateur indien n'en profite pas car il ne touche, lui, que son ancien prix. Le producteur anglais peut produire à aussi bon compte que l'Indien, mais il ne reçoit pas le même prix parce qu'il ne reçoit pas la même monnaie.

» L'Indien est payé en argent, métal qui a conservé chez lui toute sa puissance d'achat ; l'Anglais, au contraire, reçoit de l'or, mais 1/3 de moins.

» Nous courons à la banqueroute, nos terres vont rester incultes. Cependant la Chambre des Communes, le 19 avril 1890 a repoussé par 183 voix contre 87 le bimétallisme ! Il faut espérer que l'excès du mal changera cette minorité en majorité. L'ennemi est dans la place, et le jour du triomphe n'est peut-être pas loin. L'Angleterre est encore sous l'impression que 75 ans de monométallisme or au milieu de bimétallistes complaisants ont fait sa prospérité. Il faut espérer que la force des états la fera changer d'avis. Depuis 1873 elle ne peut plus faire ses transmutations de métaux à la monnaie de Paris, cela doit la gêner ! Attendons. Elle souffre plus que nous de la raréfaction de la monnaie sans oser l'avouer. Ses terres ne rapportent plus guère que les droits de chasse des banquiers et grands seigneurs ».

Le 15 1/2 serait réalisé si toutes les nations y adhéraient.

La loi seule donne leur valeur aux monnaies.

Le choix que font les gouvernements entre les deux métaux précieux pour servir de monnaie a une influence majeure sur leur valeur, car c'est de ce choix que dépend la *demande* de métaux et la demande en détermine le prix.

L'argent n'est déprécié que faute de débouchés. Ouvrez les hôtels de frappe à l'argent, il remontera à son ancien prix.

D'après Stanley Jevores lorsque différentes marchandises servent à la même fin, les conditions de demande et d'échange à leur égard ne sont pas indépendantes. Avec la frappe libre et le pouvoir libératoire total des deux métaux, le rapport de valeur entre eux s'établit automatiquement.

Si 3 hectolitres de seigle et 2 hectolitres de froment procurent la même jouissance, la valeur des deux marchandises sera toujours dans le rapport de 3 à 2, quelles que soient les conditions générales de leur production et de leur consommation.

Les deux métaux précieux, or et argent, ne servent pas seulement de monnaie mais aussi, pour une grande proportion, ils servent à l'industrie. Mais il est inconcevable que jamais toute la quantité disponible d'aucun d'eux trouve un emploi dans l'industrie à une valeur supérieure à celui qu'il a comme monnaie, à moins que le rapport légal soit déraisonnable ; donc c'est la valeur monétaire qui règle la valeur intrinsèque des deux métaux. Quand le rapport séculaire de 15 1/2 est légal, l'histoire prouve surabondamment que ce rapport est normal.

De 1800 à 1873 le 15 $^1/_2$ s'est maintenu à 3 ou 4 % près, et cela malgré la défection de l'Angleterre. Que serait-ce si ce grand pays adhérait lui-même au rapport 15 $^1/_2$?

Si l'Angleterre a adopté le monométallisme or c'est à cause de sa situation à la fois insulaire et créancière du monde entier. L'Angleterre a une circulation monétaire très faible comparativement à son immense commerce, grâce à son système de compensation, de plus elle a placé 60 milliards à l'étranger dont les intérêts et dividendes lui sont payés en or. Elle redoute d'être payée en argent déprécié ou dépréciable, son principe est d'avoir le moins possible de métaux, cela lui constitue une situation privilégiée mais peut-être dangereuse. Il y a eu en effet des crises monétaires terribles en Angleterre mais elle s'en est tirée tantôt en émettant des petites coupures en papier tantôt en empruntant de l'or à la France. L'Angleterre a un tel crédit qu'elle peut presque compter sur le concours des pays à riche circulation comme la France. Cela ne veut pas dire que l'industrie et l'agriculture anglaises n'auraient pas intérêt à l'adoption du bimétallisme. Mais aussi bien que les lois Cobden ont sacrifié l'agriculture à l'industrie, aussi bien le monométallisme sacrifie l'industrie et l'agriculture à la haute banque.

Les difficultés contre lesquelles le gouvernement anglais aux XVIIe et XVIIIe siècles eut à se débattre pour défendre sa circulation monétaire contre une exportation ruineuse provoquée par les divers rapports de valeur des autres pays, furent la cause principale de la décision d'établir chez elle l'étalon unique d'or.

Les idées de Locke sur le monométallisme s'appliquent à une situation analogue à celle d'aujourd'hui, mais il n'a pas pensé à l'entente internationale proposée par Cernuschi, Wolowski et tous les bimétallistes modernes. Cette entente mettrait à néant toutes ses considérations et sa conclusion monométalliste serait sans objet.

Le double étalon garantit mieux que le simple la stabilité de la valeur de la monnaie parce que l'or et l'argent étant les seuls métaux employés au monnayage, il s'établit un rapport ou un lien entre eux par cette circonstance même. La comparaison de la monnaie aux mesures de longueur est fausse et ne repose que sur une similitude de mots et non d'idées. Les métaux monnayables ne tirent leur valeur que de la possibilité d'être monnayés. On peut donc se servir des deux métaux aussi bien que d'un seul pourvu que la loi leur assure la liberté du monnayage, et que cette loi soit internationale ou soit la loi dans un assez grand nombre de pays riches, et tout est dit.

Le bimétallisme est le seul moyen d'obtenir *l'unité* de valeur désirée dans le monde commercial. Cette unité a existé de fait, sauf de très légères variantes, pendant les trois quarts de ce siècle grâce à l'union latine et au système allemand ; le 15 1/2 français était le trait d'union entre les pays à étalon d'or et à étalon d'argent.

Comme en tous temps on pouvait faire frapper l'argent en France, sa valeur se maintenait forcément partout ailleurs. Pourquoi, quelle que soit l'importance de la production, la rareté, l'abondance du métal blanc ou jaune, pourquoi le rapport changerait-il quand on sait qu'à la monnaie de Paris on peut à volonté jeter l'un ou l'autre métal sur le marché à sa pleine valeur ? Il est impossible de l'admettre. Les spéculations que les faibles variations de cours sur les marchés étrangers pouvaient provoquer, n'étaient pas graves et en tous cas elles étaient à la portée de tout le monde. Vous et moi en voyant que l'argent est coté à Londres à 3 ou 4 % au-dessus du cours pouvions en acheter, le faire frapper et réaliser ainsi un bénéfice. Ne voit-on pas tous les jours de pareils jeux s'effectuer sur toutes marchandises telles que le blé, le coton, le vin, l'alcool, l'huile, etc. ? Mais sur les métaux précieux ces variations ont toujours été si faibles et si peu fréquentes que la spéculation était insignifiante. Certes, de 1872 à 1873, et même après 1873 jusqu'à la suppression complète de la frappe de l'argent, ces spéculations ont commencé à présenter un caractère inquiétant ; mais c'est justement à cause des ventes de l'argent allemand. Il est absolument hors de doute qu'avec une entente internationale ces spéculations deviendraient tout à fait impossible puisque, même sans l'Angleterre, elles étaient négligeables. On peut même dire que l'on pourrait à la rigueur se passer du concours de l'Angleterre puisque jusqu'en 1873, sans elle, le 15 1/2 a été respecté par le monde entier.

On ne pourrait admettre l'étalon d'or unique que si :

1° Il y avait assez d'or pour assurer la circulation universelle, ce qui n'est pas le cas, à beaucoup près ;

2° S'il n'y avait pas dans le monde d'immenses populations ou l'argent seul est connu et employé.

L'Extrême-Orient, les Indes, la Chine, le Japon et toutes leurs dépendances n'emploient que l'argent. Il y a là un nombre tel d'habitants que pour remplacer chez eux l'argent par l'or, la production de celui-ci pendant des siècles ne saurait y suffire. Donc il ne faut pas y penser. Or, s'il faut admettre comme inévitable la présence des deux métaux, il n'est pas moins indispensable d'assurer un rapport fixe entre eux. On ne sortira pas de là. Mettez si vous voulez un autre rapport que 15 1/2, c'est secondaire, mettez 20, 30 ou même 50, mais il faut un rapport fixe.

On dit que le 15 1/2 n'est plus possible parce que e rapport actuel est 30 et que par le retour au 15 1/2 les mines d'argent, peu intéressantes pour nous, réaliseraient des bénéfices scandaleux ! Mais de deux maux il faut choisir le moindre. Si pour sortir d'un mauvais pas je suis forcé de faire la fortune d'un étranger qui m'est indifférent, je me résignerai quand même à cette générosité. Et même on trouverait peut-être, en cherchant bien, un moyen d'éviter ce scandaleux bénéfice. Par exemple si les gouvernements monopolisaient en leurs mains toute la production des mines d'argent comme certains le font déjà pour le tabac, le sel, la poudre. En tant que socialisme d'état l'un vaut l'autre. Que demain (1) on trouve dans quelque pays encore inexploré, des gisements d'or plus riches que ceux actuellement connus, le rapport peut se renverser ; l'or peut tomber comme l'argent vient de le faire ; que diront alors les mono-métallistes, et que vaudront les criailleries de Lombard Street. Où en seront les rentiers de la cité, quand les 2 ou 3 milliards que leur versent les emprunteurs des deux mondes seront réduits de moitié. Ils réclameront alors à coup sûr une loi qui leur assure leur revenu en métal blanc. Ce serait un gachis inverse du gâchis actuel mais toujours le gâchis. Tandis que le rapport légal coupe court d'avance à toute éventualité de ce genre. Le rapport légal c'est l'ordre, c'est la sécurité pour longtemps sinon pour toujours. On sera forcé d'y revenir.

S'il faut adopter un rapport, quel sera ce rapport. Il sera toujours artificiel, c'est vrai, mais par là même qu'il est indispensable d'en déterminer un, il n'y a pas de raison d'en chercher un autre que le 15 1/2 qui est séculaire, qui a fait ses preuves de stabilité à travers les fluctuations les plus graves telles que les découvertes d'or de la Californie et sans même le concours de l'Angleterre.

Adopter un autre rapport que le 15 1/2 serait une faillite épouvantable pour les pays à étalon boiteux, pour la France qui a encore une circulation de plusieurs milliards d'argent, même pour l'Allemagne qui malgré son monométallisme a cru devoir interrompre en 1877 ses ventes de thalers et qui en possède encore 500 millions; enfin pour toute l'union latine, et à plus forte raison pour tous les pays à étalon d'argent. Quel intérêt trouveraient les monométallistes or à abaisser le rapport? Un autre rapport ne serait pas plus que le

---

(1) Les mines de l'Alaska qu'on vient de découvrir sont dit-on les plus riches du monde entier.

15 1/2 l'expression du rapport scientifique. Alors pourquoi ne pas conserver le 15 1/2 ?

Les crises monétaires, heureusement devenues rares en ces derniers temps, sont des catastrophes dont l'histoire doit nous apprendre à craindre le retour ; elles se sont toujours produites par la raréfaction ou le resserrement de la monnaie. Ces crises sont d'autant plus à redouter que le métal monnaie est plus rare et plus cher.

La sécurité monétaire d'un peuple dépend de l'abondance de sa circulation monétaire ; donc, toute autre considération écartée, il faut tendre à augmenter le plus possible, et sans limite, la disponililité monétaire.

On ne peut nier que les variations brusques du montant des monnaies n'auraient des inconvénients sérieux quant aux personnes vivant de salaires fixes, de pensions, aux services publics tarifiés en monnaie comme les chemins de fer et même, dans une certaine mesure, l'état : mais ces variations sont-elles à craindre ? évidemment non ; les mines de métaux précieux ne produisent pas du jour au lendemain.

Voyez les mines d'or du Transwaal qui depuis qu'elles ont été découvertes, c'est-à-dire depuis environ 10 ans, n'ont pas encore en somme livré de métal au commerce. Au contraire, c'est avec l'or européen, français surtout hélas ! que les chercheurs d'or ont creusé les puits, construit les usines et tout l'énorme outillage nécessaire ! —

Pendant combien d'années encore faudra-il semer nos belles pièces de 20 francs dans les fonds plus ou moins aurifères de l'Afrique et de l'Australie ? jusqu'à ce que ces pièces rapportent d'abord un intérêt minime, puis se reconstituent et puis enfin produisent des petits ? Personne ne le sait.

D'un autre côté les augmentations des populations des contrées anciennes, et les populations croissantes des pays nouveaux absorbent une forte quantité de monnaie et la production actuelle suffit à peine à cette demande.

Ainsi en 1890, les mines du Transwaal ont produit 1.750.000 fr.

d'or contre 900.000 fr. en 1888, mais en même temps l'exportation
d'or de "Angleterre vers le Transwaal s'élevait en 1888. 1.420.800 fr.
et en 1890. 2.390.000 fr.
car il faut beaucoup d'or dans les pays neufs pour y construire les
usines, les chemins de fer, les maisons pour y mettre en valeur la
terre et tout le reste. Une grande partie de cet or y reste pour la
circulation et il y a grande chance pour que de longtemps il ne
revienne pas en Europe. Donc pour le moment il n'y a pas à
craindre un excès de production de métaux précieux, de l'or surtout.
Mais si progressivement la circulation augmentait plus que les besoins
et si la monnaie perdait réellement de sa valeur les salaires, les
tarifs et toutes choses cotées en monnaie suivraient très facilement le
mouvement. N'a-t-on pas vu les salaires hausser, n'a-t-on pas vu les
pensions de retraite, les traitements augmenter? Rien de plus normal,
de plus facile, de plus logique, rien de plus simple et rien de moins
sérieux comme objection à la frappe libre et illimitée des deux métaux
précieux. Mais par contre quels avantages énormes présente l'abondance de numéraire ! Je ne veux pas dire que la monnaie constitue la
richesse, cette hérésie n'a plus cours, mais la monnaie est le lubri-
fiant qui facilite le mouvement des échanges, le ferment qui détermine
la levée des richesses, la sanction des transactions journalières. C'est
un élément d'ordre, de paix, de sécurité et même de moralité.

Ne pouvons-nous pas payer de tels bienfaits ? On n'a rien pour
rien ; si l'excès de circulation nous coûte un loyer, la dépense est
productive, le sacrifice est nécessaire à mon bien-être ; une
grande circulation monétaire a infiniment plus d'avantages que
d'inconvénients.

A ceux qui disent que la monnaie peut être avantageusement
remplacée par des signes de valeur : papier des banques, d'émission,
chèques compensateurs, warrants négociables, papier de commerce,
etc., je répondrai que si ces signes ne sont pas soutenus par des
équivalents monétaires ils disparaissent. Le billet de banque
n'existe pas quand il n'est pas remboursable à vue ; les chèques et
les effets de commerce représentent des transactions qui finalement

donnent lieu à un remboursement en métal ; les warrants n'ont qu'une circulation précaire par leur indivisibilité.

Les papiers d'État non couverts sont les expédients des pays trop pauvres pour s'assurer une circulation métallique, expédients onéreux si non ruineux.

Certes l'Angleterre donne l'exemple d'un formidable mouvement commercial avec une faible circulation monétaire, mais d'abord tout le monde n'est pas l'Angleterre et ensuite ce pays est exposé, par son système, à des crises monétaires dont nous avons vu des exemples et qui dans certaines circonstances ne se résoudraient pas aussi simplement que par un emprunt d'or à la Banque de France. Quand on se rappelle que la chûte de la seule maison Baring a mis en péril la haute banque de Londres, tandis que les catastrophes telles que l'Union générale, le Comptoir d'escompte, le Panama, les mines d'or et autres n'ont eu aucun effet sur le marché français et que l'escompte de la Banque de France en a été à peine touché. On peut se demander lequel des deux systèmes est le meilleur ?

On dit qu'il est absurde de fixer un rapport entre deux marchandises essentiellement variable en tant que marchandises par la loi de l'offre et de la demande. C'est vrai. C'est absurde pour des marchandises mais c'est une absurdité nécessaire pour la monnaie.

Ah ! s'il n'y avait pas de par le monde des pays immensement peuplés et ne connaissant que l'argent, s'il y avait assez d'or disponible pour assurer partout une circulation d'or, et si l'argent n'existait pas, on aurait toute raison d'établir un étalon unique d'or, et encore il faudrait voir si cet état de chose vaudrait le double étalon.

M. Wolowski a fait une très élégante comparaison entre le bimétallisme et le balancier compensateur des horloges où deux métaux, ayant des coefficients de dilatation différents, maintiennent toujours le centre de gravité à la même distance de l'axe et assurent ainsi l'isochronisme. Bien entendu ces figures ont toujours un côté défectueux mais elles ont pour avantage de mieux saisir le côté abstrait des choses.

Il est probable que deux métaux à rapport invariable entre eux se tiennent à une plus stable moyenne commune par rapport aux autres marchandises qu'un seul métal qui, lui, varie librement selon l'offre et la demande.

La monnaie est l'étalon de valeur pour tous les contrats à long terme, ils sont innombrables : baux, ventes avec facilités de paiement, emprunts, pensions, tarifs des services publics, cahiers des charges des entreprises privilégiées, tout est mesuré en monnaie. Il est donc de la plus haute importance d'en assurer la stabilité.

Avec l'incertitude sur la valeur il n'y a plus de confiance dans l'avenir, plus de projets à longue vue, plus de progrès économique. On empêche les pays riches de prêter leurs capitaux aux pays pauvres d'argent et riches de nature et en tirer un beau revenu ; de là baisse continuelle du loyer de l'argent, spectacle constant depuis 20 ans.

La mise en valeur des pays d'Extrême-Orient à circulation d'argent est devenu presque impossible et cependant il y aurait là un très beau placement pour nos capitaux sans emploi. Mais si vous leur demandez de nous payer les revenus en or ils refusent, l'or est trop cher.

Les monométallistes disent, et ils sont dans la vérité scientifique, que la monnaie est une marchandise, qui comme toute autre marchandise peut hausser ou baisser selon la loi de l'offre et de la demande par rapport à la moyenne de valeur des autres marchandises et que, par conséquent ceux qui cherchent la stabilité de la valeur de la monnaie poursuivent une chimère.

À cela je réponds :

La variation inévitable de la valeur de la monnaie sera d'autant moins sensible que le stock monétaire sera plus grand et c'est ce qu'aucun auteur, que je sache, n'a jusqu'à présent bien mis en lumière. On ébranlera plus facilement une faible masse monétaire qu'une masse énorme, et on peut même dire que la stabilité de la valeur de la monnaie sera en raison du carré ou du cube de sa masse.

Une panique ou une crise monétaire précipite le mouvement de hausse du métal précieux dans des proportions qui échappent à tout calcul. Il n'y a plus de raisonnement, plus de loi, plus de logique. La peur fait faire des folies.

Avec un grand stock monétaire la valeur peut baisser, mais sans choc.

De longtemps, peut-être jamais, il n'y aura assez d'or pour assurer un excès de circulation. L'argent est dès lors indispensable. Il n'y en a même pas trop en comptant sur toutes les surproductions possibles, pour assurer la circulation monétaire des pays à circulation de papier inconvertible. Il ne faut pas oublier que la suppression de la frappe presque universelle n'a arrêté l'exploitation d'aucune mine d'argent. Au contraire la baisse de ce métal a stimulé la production afin de diminuer le coût de l'extraction et compenser sa baisse. Il n'a donc pas à craindre une forte ni même une faible augmentation de production de métal blanc ; on en produit autant qu'on en peut produire ou à peu près.

Toutes les solutions proposées dans les divers Congrès monétaires depuis 1873, tendant à réhabiliter l'argent et le faire hausser sont inefficaces si elles n'édictent pas la frappe libre et illimitée des deux métaux et un rapport fixe entre eux.

A la conférence monétaire de 1867 à Paris, M. de Parieu résumait les travaux de la conférence par la constatation que l'étalon d'or est seul normal et parfait : que l'étalon double peut avoir des avantages transitoires dans les pays habitués à ce régime ou placés sous l'étalon d'argent. Cette conclusion décida en partie l'opinion en Allemagne, dès cette époque.

La conférence de 1878 agit sur les esprits dans un sens opposé, elle n'aboutit pas, mais fut le point de départ du mouvement bimétalliste.

La conférence de 1881 fit avancer la question d'un grand pas, elle mit en relief les causes de la crise monétaire, elle démontra que l'appréciation de l'or et non la dépréciation de l'argent, avait amené la baisse des prix ; que l'excès de production de l'argent aurait à peine suffi aux besoins de la circulation toujours plus grands par suite du développement des relations à l'entrée du pays nouveau dans le concert des affaires ; enfin que les principes scientifiques ne peuvent rien à l'encontre des données expérimentales.

La conférence de Bruxelles en 1892 mettait en lumière la nécessité d'éviter les brusques fluctuations du prix de l'argent qui amènent des crises et des ruines. Elle montrait que le moyen de conjurer ces dangers est dans l'augmentation de la circulation monétaire.

Les monométallistes étaient dès lors tout disposés à accepter une transaction, de là les projets Rothschild, Levy et autres dont il sera parlé plus loin.

On sait qu'aucune solution n'a pu intervenir.

Ainsi, achats d'argent par les gouvernements, suppression des pièces de monnaie d'or en dessous de 20 francs ou 25 francs, suppression des billets de banque ou d'État en dessous de 50 fr. ou 62 fr. 50, (ce qu'on a appelé le billonnement de l'argent), sont des mesures insuffisantes. L'argent ne reprendra sa valeur qu'avec le rapport légal à la frappe libre.

Les monométallistes objectent qu'une entente internationale est précaire et qu'une guerre peut tout compromettre. Est-ce une objection sérieuse. Une guerre n'a qu'une durée limitée et peut-être même n'aurait-elle aucune influence sur la circulation monétaire. Celle de 1870 n'a pas touché à notre richesse métallique malgré l'immense drainage d'or de l'indemnité. Le billet de banque français, même à cours forcé, n'a rien perdu de sa valeur. Au plus fort de la crise on payait 3 pour mille, c'est-à-dire à peine la rémunération d'un service rendu.

Dans une entente internationale que peut faire une guerre entre deux nations ? En tout cas, après la guerre, les choses se rétablissent d'elles-mêmes. S'il fallait toujours s'arrêter devant l'éventualité d'une guerre on ne ferait aucun traité de commerce, aucune affaire commerciale extérieure, aucune convention postale ou télégraphique.

L'avenir est à l'unification internationale de toutes les unités de poids et mesures. La langue commerciale elle-même s'unifie comme par exemple la terminologie télégraphique et scientifique. Nous avons déjà universalisé plusieurs termes tels que Réponse-payée, Bureau-restant, etc., les codes télégraphiques sont internationaux, les unités électriques sont universelles, le système métrique le sera sous peu.

Couper le monde en deux, le monde or et le monde argent est une erreur économique que les plus enragés théoriciens de l'étalon d'or ne pourraient soutenir. Ils se grisent de leurs principes et de leurs abstractions, mais ils ne vont jamais jusqu'à l'application générale de leurs idées, leur champ est restreint, leurs idées courtes, leurs raisonnements vides.

Quand les monométallistes or de l'Angleterre disent ne pouvoir abandonner leur système mais vouloir conserver l'étalon argent pour les Indes on voit qu'ils manquent de conviction si non de sincérité.

On ne peut nier que la France, depuis 1800, est le pays où il y a eu le moins de crises monétaires ni que cette situation ne soit le résultat de son énorme circulation monétaire, la plus forte du monde. Actuellement il y a chez nous pléthore d'argent et d'or, mais aussi nous traversons sans broncher les événements les plus graves. guerres, cracks financiers, aventures de toutes sortes. L'escompte reste à 2 %, à la Banque de France et à des taux beaucoup moindres encore dans les banques particulières qui regorgent de capitaux.

On oppose toujours au bimétallisme les dangers de l'exode de la monnaie la plus appréciée (loi Gresham), on a dit aussi que jamais, pendant le fonctionnement régulier du bimétallisme dans l'union latine, le 15 1/2 n'est resté absolument fixe et que la France n'a connu, de 1800 à 1873, que des étalons alternatifs.

A cela on peut répondre :

1° Que l'Angleterre faisant défaut à l'union bimétalliste, il y avait là une cause de perturbation, et il y aurait plutôt lieu de s'étonner que cette défection n'ait pas eu une plus forte influence sur le 15 1/2 français ;

2° Que le cours du métal à Londres ou à Hambourg n'est pas celui de Paris, qu'il faut tenir compte du coût du transport et de ses risques. Or les variations dont on fait tant état n'ont jamais atteint ni au moins dépassé ce change et, que s'il faut s'étonner de quelque chose, c'est de la stabilité extraordinaire que le système français a imposée au marché monétaire du monde entier. C'est le plus fort et le plus décisif argument en faveur du système bimétallique français. Est-ce à dire que la France et plus tard l'Union latine n'ont pas eu à souffrir parfois de cet état de choses. Non. Il est certain que nous avons eu de temps en temps à subir des pertes dues à l'oscillation du balancier; rien n'est parfait. Mais les avantages étaient bien plus considérables que les inconvénients et il ressort de l'expérience d'une façon éclatante qu'avec l'entente internationale complète ces oscillations mêmes seraient réduites à rien.

Quand on a vu pendant 75 ans la France seule supporter le poids écrasant de l'équilibre entre les deux métaux, sauf ces variations négligeables, peut-on douter un seul instant que cet équilibre ne se passe de lui-même sans la moindre difficulté par l'entente universelle et même quasi universelle ?

Quelle que soit la masse d'argent qu'on jetterait sur le marché, qui serait assez sot pour le vendre à un prix inférieur à ce qu'il pourrait en obtenir à la monnaie ? Donc il reviendrait à sa valeur sans toucher aux autres marchandises.

On a aussi objecté en Angleterre que dès qu'on aurait réellement à craindre que le 15 1/2 ne soit adopté universellement les déposants de fonds des banques s'empresseraient de les retirer pendant qu'ils ont encore le droit de l'exiger en or, car aucun ne voudra s'exposer à recevoir plus tard de l'argent, au rapport 15 1/2, quand à présent il est de 30. Or le retrait en masse des dépôts se montant à plus de 2 milliards serait une banqueroute générale. Ce raisonnement ne tient pas debout car si l'argent vaut par la loi nouvelle le double d'avant, le déposant n'a pas à redouter d'être payé en argent et si l'or venait à baisser que ferait-il de son or retiré de la Banque ?

On objecte encore :

Le régime bimétallique n'aboutirait dans la pratique qu'au régime de la monnaie argent, l'or ferait prime et on s'en servirait quand même comme étalon de valeur dans leur nombre de contrats.

Sur quelles données est fondé ce raisonnement ? On pourrait aussi bien avancer l'opinion inverse et dire que c'est l'argent qui ferait prime, car si l'or perd le monopole de la monnaie légale, il peut baisser et de même la réhabilitation de l'argent qui, quoi qu'on en dise, n'est pas dans le monde en quantité exagérée par rapport aux besoins de certains pays, pourra faire remonter ce métal au delà du 15 1/2. Toutes ces hypothèses se valent ; les deux systèmes ont fait leurs preuves ; celui de l'étalon d'or unique nous est onéreux. Le bimétallisme ne peut être qu'un bienfait.

On oublie combien il y a de pays qui n'ont pas encore de circulation métallique et qui dans l'état actuel des choses ne peuvent prendre de décision, l'or étant trop rare et l'argent sans stabilité, tels la République argentine, la Russie, l'Autriche.

On oublie aussi que les Indes, la Chine, le Japon sont des pays qui absorbent et absorberont longtemps encore tout le métal argent qu'on voudra bien leur verser et que les quantités d'argent disponibles actuellement sont fort loin de suffire à leurs demandes. On oublie encore que dans les pays à étalon boiteux comme la France, les Pays-Bas et même l'Allemagne qui n'a pas osé rendre tout son argent, le bimétallisme 15 1/2 existe de fait et que personne ne sait quelle crise produirait dans ces pays la suppression de la circulation argent. L'expérience monométalliste n'est donc pas faite. L'Angleterre, d'ailleurs très divisée sur la question, court un sérieux risque avec le système actuel pour son empire des Indes où par la suppression de la frappe des roupies, il n'y a plus aucun régime monétaire ; la situation actuelle ne peut durer, et je n'ai vu nulle part aucune indication sur ce point particulier. On ferme les yeux pour ne pas voir le danger.

Voilà un empire immense, où l'agriculture, le commerce et

l'industrie, les moyens de communication sont en plein développement, où règne l'étalon d'argent et où il n'y a plus de frappe du tout (1).

Ce qui semblerait confirmer que les cours sont avilis partout quand un pays comme ceux à étalon d'argent peut vendre bon marché, c'est la hausse formidable qui s'est produite en 1896 par suite de la disette dans les Indes. La faible exportation de blé des Indes suffisait donc à maintenir en Amérique et à Londres les cours très bas.

ARGUMENTS DES MONOMÉTALLISTES.

Les métaux monnaies sont des marchandises ordinaires sujettes aux variations de l'offre et de la demande. Il est impossible d'établir entre eux un rapport quelconque.

Le Gouvernement n'a ni le droit ni le devoir de maintenir un rapport fixe entre deux marchandises. C'est faire violence à la nature : c'est dire que 2 et 2 font à volonté, 4 ou 5 ou $\frac{1}{20} = \frac{1}{15}$ au gré du législateur.

Ce n'est pas le monnayage qui donne à l'or et à l'argent sa valeur, c'est leur valeur intrinsèque.

Une monnaie n'est saine que quand elle a plein pouvoir libératoire et quand elle représente entièrement l'équivalent intrinsèque de la marchandise, non seulement à l'intérieur, mais dans le monde entier.

La loi ne peut donner une valeur fictive qu'à la monnaie d'appoint ou au billon dont le pouvoir libératoire est limité par la loi elle même.

Ce qui fait que cette monnaie secondaire peut être fausse ou à bas titre, c'est son peu d'importance dans l'encaisse de chacun, et le faible risque encouru au cas d'une catastrophe, tandis que la monnaie de plein pouvoir doit toujours donner pleine sécurité au porteur.

Il n'y a pas de relation spéciale entre les métaux précieux d'un

---

(1) On a repris depuis peu la frappe du Dollar Britannique d'argent.

côté et les autres marchandises de l'autre. Il n'est pas tout à fait exact que le prix des marchandises dépende de la quantité de métaux précieux monnayés en circulation On peut plutôt dire que c'est de ces prix que dépend l'emploi des métaux comme monnaie. Il y a deux fois plus de monnaie en France qu'en Angleterre: les prix sont-ils doubles en France qu'en Angleterre? C'est le contraire qui est vrai pour une foule de choses, entre autres pour les salaires. Si certaines denrées sont moins chères en Angleterre qu'en France cela tient, par exemple, pour le blé, au droit de douane, pour le fer et le charbon à la richesse minière du pays.

La monnaie métallique est une charge pour un pays : c'est une marchandise qu'il faut acheter et qui reste improductive. L'idéal serait une monnaie de papier gagée par des marchandises utiles et non par des métaux précieux seuls. Les métaux précieux en tant que matière première pour l'industrie, pourraient servir aussi de gage au papier, mais le métal monnayé est du fait stérilisé.

La mobilisation des marchandises est une solution qui mérite examen, ce serait une monnaie parfaite. Le desideratum des bimétallistes de voir le monde inondé de monnaie, dépréciée ou non, est une erreur économique ; la hausse des prix n'est pas un bienfait pour tout le monde en admettant que ce puisse en être un pour personne. L'effet produit par l'afflux de monnaie n'est rien moins que sûr en tant que hausse des produits et en tous cas ceux qui en souffriraient immédiatement ce sont les non producteurs qui sont les plus nombreux et tous les consommateurs parmi lesquels figurent les producteurs eux-mêmes.

En outre tout producteur étant consommateur il ne jouirait de la hausse que pour le bénéfice qu'il fait. Ainsi on peut poser ce dilemme : ou bien les producteurs sont dans la misère et alors leur bénéfice étant nul la hausse ne peut leur procurer aucune amélioration ou bien ils font des bénéfices et alors il n'y a pas lieu de changer l'état actuel des choses.

La France possède un stock de métal argent beaucoup trop

important pour les besoins de sa circulation ; l'augmenter serait une aventure périlleuse.

L'entente entre les nations, seule base possible du 15 ½, est aléatoire. Si une seule nation rompt le traité tous est compromis. Or qui peut garantir la paix, et en cas de guerre où en sont les traités ? Les nations avec lesquelles la guerre est à redouter sont justement monométalliques et la situation que ce régime leur a procuré est si avantageuse qu'il n'y a aucune chance de les voir adopter le 15 ½; et même si elles l'adoptaient, est-ce une raison pour qu'elles s'encombrent bénévolement d'une circulation argent qui leur est au moins inutile ? Et alors, en cas de rupture, les nations à circulation d'argent seront ruinées.

Le métal blanc est trop encombrant pour circuler.

Comme gage du papier on peut le remplacer par toute autre marchandise inaltérable tel que minerais ou métaux quelconques servant à l'industrie, blé, terres, immeubles. La mobilisation des richesses autres que les métaux précieux ne semble pas avoir suffisamment occupé l'attention des hommes d'État et des économistes. La faiblesse du système bimetaliste est la nécessité d'une entente internationale, tandis que le monométallisme peut s'en passer. Il n'y a aucun inconvénient à ce que tel État ait l'étalon d'or et tel autre l'étalon d'argent. Le change est fait pour équilibrer les rapports.

Le monométallisme anglais procède de Locke (1) : « Tout pays est
» intéressé à ce que son numéraire soit composé d'un seul métal, à un
» titre uniforme et invariable.

» Deux métaux ne peuvent servir à la fois à la mesure de la valeur
» pour les transactions commerciales parce qu'il faut que cette mesure
» soit permanente et garde la même proportion dans ses fractions.
» C'est ce qu'on ne trouve que dans l'emploi d'un seul métal.

» La valeur de l'or par rapport à celle de l'argent peut varier. C'est

---

(1) (Some Considerations) et (Further Considérations), Londres, 1692.

» comme si on mesurait une étoffe avec un mètre élastique que de la
» payer tantôt avec de l'or, tantôt avec de l'argent ! »

Locke parle ensuite des effets connus sous le nom de « loi
Gresham » qu'une monnaie dépréciée prend la place de la monnaie
appréciée.

Rob Peel, dans son discours du 1ᵉʳ juin 1835 (Enquête pour
examiner si on ne pourrait porter remède aux souffrances de l'Angleterre en changeant l'étalon monétaire ou en adoptant le double
étalon), « s'oppose à toute mesure tendant à déprécier la monnaie
» que certains prônaient pour favoriser les agriculteurs, il dit qu'il ne
» sert à rien de changer l'étalon à moins qu'on ne cherche à déprécier
» la monnaie. Si nous voulons réformer le régime monétaire, la
» première question qui se pose est la suivante : Adopterons-nous le
» double étalon or et argent conjointement ou passerons-nous de
» l'étalon unique or à celui argent? Il ne voit aucun avantage au double
» étalon, car il faudrait fixer le rapport entre les deux métaux, condi-
» tion indispensable. Or ce serait un élément d'incertitude dans les
» contrats et bien moins simple que l'étalon unique et sans compensa-
» tion du sacrifice. Unir deux métaux qui ne peuvent avoir de rapport
» fixe, c'est diminuer les avantages et l'utilité de l'étalon. Plus l'étalon
» est simple mieux cela vaut, le mot étalon implique unité et sim-
» plicité. Pourquoi ne pas avoir une seule mesure de valeur tout
» comme on n'a qu'une mesure de longueur ou de capacité? »

Rien de plus précieux pour résoudre une question que de l'ignorer
totalement. Tel est le cas des bimétallistes qui, par la panacée du
15 ½ universel, simplifient énormément la question monétaire.

La baisse du métal argent depuis l'antiquité est un fiat constant.
De 1 à 10 (1), le rapport avec l'or est tombé à 1 à 30.

La stabilité relative 1 : 14 et 1 : 16 ; de 1803 à 1873 n'est qu'un
accident fortuit. La loi est visible dans les graphiques, nul ne peut
réagir contre une loi naturelle.

---

(1) Grèce 1 : 10, Babylone 1 : 13.

Si l'Angleterre en 1816 et l'Allemagne en 1871 ont pu établir l'étalon d'or, ce n'est pas sans lutte contre le roi argent et si la cause du bimétallisme était bonne elle aurait sûrement triomphé dans ces deux pays, car ce ne sont ni les avocats ni les prophètes qui ont manqué pour défendre l'ancien bimétallisme et prédire toutes les catastrophes. On dit toujours que c'est l'Allemagne qui en vendant son argent a fait la baisse du métal. Elle n'a vendu que 750 millions de 73 à 79, c'est bien peu de chose.

Le bimétallisme a pour champion l'union latine si puissante par la richesse et l'influence de la France. Il a été assez fort pour empêcher la Hollande d'accomplir la réforme monométalliste presque décidée en 1870, et pour arrêter en 1879 l'Allemagne elle-même dans son évolution, et, en définitive pour conserver dans ces deux pays l'étalon botteux.

La Scandinavie seule a eu le courage de mener la réforme à bonne fin. Même en Angleterre un puissant parti bien établi s'est reformé et lutte avec une certaine énergie, mais, on a vu un bimétalliste comme M. Goshen arriver au pouvoir et changer d'opinion. L'Angleterre ne demanderait pas mieux que de se voir entourée de nations bimétallistes mais à la condition de conserver sa liberté.

L'interruption au printemps 1879 de la vente de l'argent en Allemagne, sembla donner raison aux bimétallistes internationaux, et ils provoquèrent le Congrès de 1881, qui échoua piteusement comme les précédents et les suivants ; et cependant les bonnes volontés ne manquaient pas. Tous les Etats étaient représentés, même l'Angleterre, par des hommes absolument désireux d'arriver à une entente. Pendant cinq mois on discuta, on se prorogea et finalement on aboutit à un ajournement indéfini.

En 1885 nouveau Congrès, nouvel avortement.

Même aux Etats-Unis la foi silvériste, si puissamment alimentée par les intéressés, finit par être ébranlée. On connaît les luttes homériques dans les parlements Américains, les faits d'armes héroïques des argentistes et l'insuccès final. Le bon sens et l'honnêteté ne voulaient pas être vaincus. Les faits sont plus forts que les hommes.

Tout dans les habitudes modernes s'oppose à l'usage de l'argent. Combien pouvez-vous en mettre dans votre poche pour votre dépense journalière? 20 francs pèsent déjà trop, l'or lui-même est trop lourd.

C'est un erreur absolue de croire que la suprématie de l'or est cause des maux dont souffre l'agriculture, l'industrie et le commerce. Ces branches de l'activité ont eu des périodes de prospérité et de réaction avant et après 1873, et plus encore avant qu'après. (1) Les fluctuations ont des causes absolument indépendantes du système monétaire. Jamais par exemple l'industrie allemande n'a progressé comme depuis qu'elle a institué l'étalon d'or, progression qui inquiète même l'Angleterre.

Comment expliquer par le système monétaire tous les faits économiques si contradictoires, si divers survenus dans les pays à étalon d'or ou boiteux. Jamais vous ne ferez accepter à un peuple une monnaie qui ne lui plait pas ; ni par la loi, ni par la contrainte, ni par la grâce ; surtout quand cette monnaie a perdu 50 $\%$ de sa valeur et qu'on a un vague pressentiment qu'elle baissera encore.

Que n'ont pas essayé les grandes banques en France, en Amérique, en Allemagne pour faire circuler les écus d'argent qui ont cependant à l'intérieur leur valeur totale? Rien à faire ; ces écus rentrent dans les caves immédiatement et elles n'en sortiront plus. D'après les estimations de M. de Foville il y a très peu d'écus en circulation en France comparativement à ce qu'en détient la banque de France (2 1/2 milliards) ; aussi les plus audacieux bimétalistes osent-ils a peine proposer le retour au 15 1/2, la majorité d'entre eux se contenterait de repartir du rapport actuel, 30, mais aucun ne parle de la faillite que ce nouveau rapport occasionnerait ; pas un mot des conséquences désastreuses pour la banque de France ou pour l'Etat, d'une pareille décision. Il y a plus d'un milliard à

---

(1) En 1897 on a vu le blé augmenter de 50 $\%$ sans qu'on puisse en attribuer la cause à la monnaie.

perdre. La France est-elle assez riche pour payer cette gloire ? et cependant le gouffre est là béant ; bon gré mal gré il faudra ou s'y précipiter ou y descendre par degrés.

Une chose curieuse c'est que la force des choses finit par triompher malgré les lois, les conventions internationales et par des solutions simples quoique désagréables. Ainsi l'Union latine fondée sur l'évangile du double étalon, en déclarant en toute occasion le vouloir maintenir coûte que coûte, a fini par décider que les dettes nées du traité entre les différents États de l'union se règleraient en or ! C'est non seulement reconnaître l'étalon d'or pour l'avenir mais encore lui assurer un effet rétroactif jusqu'au début ; c'est-à-dire 30 ans en arrière ! Quelle déception pour ceux qui cherchaient à voir clair dans cette combinaison factice et mort-née! Ainsi on commence par reconnaître la parfaite égalité des deux métaux, puis, au cours des événements, la vérité reprend son empire, et l'un des États est forcé de déclarer comme un droit naturel et équitable ce que l'autre rejette comme une prétention injustifiée et contraire à la lettre du traité. Les traités sont caducs quand ils reposent sur des principes faux et contraires aux lois naturelles. Quand on voit les difficultés éprouvées et encore en perspective dans l'Union latine on se demande ce que ce serait si un plus grand nombre de nations de l'ancien et du nouveau monde s'entendaient de la même façon ? Ce serait l'anarchie.

Aussi la Belgique s'est carrément refusée à adhérer à cette clause de liquidation finale. Donc avec le bimétallisme pas d'union possible tandis qu'avec l'étalon unique elle est inutile. Certes les bimétallistes prétendent qu'avec le 15 1/2 universel il n'y a pas besoin d'autre convention monétaires et que par conséquent, chacun frappant sa monnaie sans s'occuper de la circulation internationale, il n'y a aucunement à s'occuper de liquidation finale, mais tout cela repose sur la pointe d'une épingle. Avec l'étalon unique au contraire la position monétaire de chacun, avec ou sans entente, est inébranlable.

En 1881, l'Italie a fait de grands efforts pour établir chez elle l'étalon d'or, c'est la clause de liquidation qui l'a empêchée de le réaliser et aujourd'hui la difficulté a encore augmenté : elle aurait 200 millions à payer pour les écus italiens circulant en France et dans l'Union latine. Quant à la Suisse qui n'a pas de monnaie nationale, elle n'a frappé que 7 à 8 millions d'écus de 5 francs, le reste elle l'a fait frapper en Belgique, de sorte qu'elle est très à l'aise pour la liquidation ; mais une telle situation n'est pas possible pour un grand Etat.

L'union latine se traine misérablement ; elle ne dure encore que par la peur de la liquidation, on veut gagner du temps. Chacun cherche à faire supporter la perte par le voisin. Chacun décore du nom de légalité le désir de ne pas perdre 50 % sur son encaisse argent. La Belgique surtout regrette amèrement d'être entrée dans cette union, mais elle n'a pas encore trouvé le moyen d'en sortir.

Cependant un important mouvement d'opinion se dessine chez nos voisins contre l'Union. Une pétition adressée d'Anvers au Gouvernement, en novembre 1891, fait ressortir tous les dangers que la liquidation ferait courir au commerce Belge ; elle proposa de mettre un terme à l'incertitude en rompant définitivement avec la France et en prenant toutes les mesures nécessaires pour passer à l'étalon d'or, soit par un emprunt soit par toute autre mesure énergique. Enfin on a fini par s'arranger par un acte additionnel ou il est stipulé que lors de la liquidation, le gouvernement Belge ne remboursera en or que *la moitié* de ses pièces circulant en France, et qu'il ne fera rien pour empêcher le rapatriement de l'autre moitié par voie de commerce et échanges et ce solde ne pourra pas excéder 200 millions. Cette clause est d'ailleurs synallagmatique et a été réclamée par les autres états de l'union.

Voilà donc 200 millions d'écus belges et au moins autant d'italiens qui à la liquidation ne seront pas remboursés en or mais qu'on tâchera de rapatrier ! Le bon billet ? Les gouvernements ne feront pas opposition à cette difficile endosmose, c'est convenu. Mais les particuliers peuvent refuser de rentrer dans leur argent déprécié ! Quel moyen aurai-je, moi, porteur d'un écu belge de 5 francs, qui n'a plus cours en Belgique ni en France, de m'en défaire ? Aucun autre que de perdre 50 %, sinon plus. Voilà le résultat de conventions mal étudiées, reposant sur des idées mal définies, où la vanité impériale a joué le principal rôle et où la science économique n'a eu rien à voir.

La libre frappe est le principe premier de toute monnaie saine à plein pouvoir. Or l'État ne peut garantir que le titre et le poids de la pièce, pas autre chose. Si maintenant la monnaie hausse ou baisse par rapport à la moyenne des marchandises, l'État n'a rien à y voir. Tout cela change avec le bimétallisme ; alors l'état garantit le rapport entre les deux métaux. Singulière contradiction !

Une expérience intéressante c'est celle du gouvernement américain qui, par le Bland Bill, avait espéré relever et maintenir le prix de l'argent par des achats permanents. Mais, sauf de légères et éphémères variations, il n'en a rien été. On a ainsi frappé pour 2 milliards 1/2 de francs d'argent, ils dorment dans les caveaux où pour les protéger dans leur sommeil on a dû faire de véritables travaux de fortifications.

Les Silvéristes voyant l'inefficacité du Bland Bill et du sherman Bill n'ont trouvé rien de mieux que de demander la frappe libre et illimitée, même sans entente avec les autres états. Peu s'en est fallu que cela ne passât.

Aujourd'hui, le président Mac-Kinley est, comme les Français, partisans du bimétallisme mais avec entente internationale. Mais l'Amérique produit à elle seule près de la moitié de l'argent du monde entier, il est bon de ne pas l'oublier.

Un des arguments des bimétallistes agrariens c'est l'invasion des blés du pays à étalon d'argent. Mais il se trouve que cet argument pèche par la base ; les pays à étalon d'argent capables de nous envoyer du blé se réduisent à un seul, les Indes, qui ne nous ont jamais envoyé grand'chose et qui depuis un an ne nous envoient plus rien du tout. En octobre 1896 la disette dans les Indes a fait doubler le prix du blé, à Londres. D'un autre côté les pays qui réellement nous envoient du blé et font la baisse ce sont, l'Australie : pays à étalon d'or ; l'Amérique du Nord, également à étalon d'or par suite de la suppression de la frappe de l'argent, et la République Argentine, pays à circulation de papier. Donc la baisse de l'argent n'est pour rien dans le prix du blé en Europe !

On affirme que l'étalon d'or fait baisser tous les prix sur le marché universel. S'il en était ainsi, de quoi auraient à se plaindre les agriculteurs ? Si tout baisse où est leur perte ? La variation des prix peut provenir soit des modifications du prix de revient soit de la loi de l'offre et de la demande : dans le premier cas on aurait mauvaise grâce de protester, dans le second, si la baisse était le résultat général de la hausse de la monnaie, toutes les branches de la production seraient également atteintes. Pour celui qui achète et vend il est absolument indifférent que les prix soient hauts ou bas.

Il est de plus en plus démontré que le prix des récoltes dépend de leur abondance et non d'autre chose, que le prix des marchandises ne dépend pas du tout du plus ou moins de métal disponible, car ces prix sont les mêmes dans les pays dont la circulation monétaire diffère énormément. La moindre disette a une bien autre influence sur les cours que le stock de monnaies. Le principal argument des bimétallistes tombe ainsi.

On dit qu'il n'y a pas assez d'or dans le monde pour assurer la circulation. C'est là une affirmation gratuite, la preuve n'en est pas faite. Cela n'est vrai ni pour l'Amérique, ni pour l'Angleterre, ni pour la France, ni pour l'Allemagne. Les pays trop pauvres pour se procurer une circulation d'or le sont aussi pour une circulation d'argent ; la preuve c'est que dans les pays à circulation d'argent, les stocks de ce métal permettraient parfaitement de les transformer en or, même au rapport de 1 à 30 tels les Indes, la Chine, le Japon, qui reçoivent l'argent et ne le rendent jamais. (1)

---

(1) Le gouvernement japonais a décidé l'adoption d'un étalon d'or dans la proportion de 32 1/3 et 1. Le yen d'argent sera graduellement retiré de la circulation.

La plus basse monnaie d'or sera de 5 yens. On se propose d'appliquer cette réforme au mois d'octobre prochain.

La Russie, par la consolidation du rouble, crédit, a pris une mesure qui équivaut à l'étalon d'or.

D'ailleurs le faible taux de l'escompte dans les banques des principaux États civilisés, atteste un stock de métal beaucoup trop grand pour une circulation normale.

La compensation des chèques (Cléring house) qui, à Londres se chiffre par plus de 150 milliards, n'est guère en usage encore en France (1). En Allemagne, le giro-conto de la banque de l'empire et celui des banques particulières se chiffre par plus de 50 milliards par an !

Il y a lieu de faire un pas dans cette voie chez nous, car ces transactions se font, comme on sait, sans métal, et par conséquent avec une économie considérable. L'Angleterre fait son immense commerce avec moins de 3 milliards de numéraire. La France en a peut-être le double pour un commerce moitié moindre.

Aux-États, Unis, pays à étalon d'or on ne voit pas d'or en circulation mais seulement des chèques et des billets. On n'a véritablement besoin, dans un pays bien organisé que de monnaie de poche, et la faible somme d'or nécessaire aux compensations finales. La monnaie divisionnaire suffit. Certes, en cas de faible récolte ou autres causes accidentelles il faut à un moment donné pouvoir exporter de l'or ; l'encaisse de la banque suffit pour ces cas exceptionnels. Dans les pays où le crédit est bien organisé les crises monétaires sont devenues bien rares. Quand le fonds est solide il n'y a pas de panique. De plus il y a la solidarité entre les grands centres financiers qui empêche les crises. Un ébranlement à Londres aurait son contre-coup sur toutes les places de l'Europe, et la stabilité financière est la condition première des affaires. Donc on peut de plus en plus compter sur une sorte de Syndicat universel de la finance, mutualité contre les chocs et les crises. Souvent une crise est évitée non pas par la présence effective du métal mais par la foi, la certitude d'être payé plus tard et le sang-froid.

Les bimétallistes affirment que la frappe libre ferait rentrer l'argent dans la circulation. C'est une erreur, le public n'en veut pas. Pourquoi en France, où il y a 2 1/2 milliards d'argent ne circule-t-il pas ? parce que l'or est plus commode. Circulerait-il plus avec le

---

(1) La compensation en France ne dépasse pas 8 milliards.

15 1/2 universel et un stock double ou triple? Un métal est-il apte à remplir une fonction monétaire quand il se réduit à gager le papier? Evidemment non. Il faut de toute nécessité que le gage métallique puisse circuler facilement ce qui n'est vrai pour l'argent que dans de faibles proportions. Ne voit-on pas souvent le billet de banque faire prime sur l'or, à cause de la facilité du transport?

En 1892 l'Espagne et le Portugal ont voulu parer à leurs embarras financiers en offrant à leurs créanciers de l'argent au lieu d'or ; le change a aussitôt monté de 15 à 20 %.

Un excès de monnaie dans un pays déprime le taux de l'intérêt et amène un écoulement de l'or vers les régions où le taux est plus élevé ; de là les placements énormes de l'Angleterre dans ses colonies et le mouvement industriel Russo-Belge récemment observé. Une maison belge pour laquelle j'ai monté une filature de laine en Russie, y a déjà immobilisé plus de 10 millions en dehors du coût de l'usine, en prêts à l'agriculture à 10 % d'intérêts. Donc un trop grand stock monétaire ne se maintient pas, il se répartit, et le rêve des bimétallistes d'inonder le monde de monnaie n'est qu'une illusion.

La baisse des prix en général ne provient que des facilités de transport, de l'excès de production, du bon marché du fer et du fret. Mais tous les prix ont-ils baissé ? C'est dans beaucoup de cas le contraire qui est vrai. Le prix général de l'existence, les loyers, les objets de luxe ont haussé, les traitements, les salaires, les pensions aussi, tout ce qui ne se fait pas par les machines, a augmenté. Les budgets d'état progressent tous les ans. D'ailleurs tout le monde reconnaît qu'à la longue, toute hausse de prix, si elle est due à une augmentation de la quantité de monnaie, doit se niveler et qu'en fin de compte les prix de toutes choses seront les unes par rapport aux autres dans le même rapport.

Les États qui ont émis du papier monnaie non gagé par du métal ont vu toutes choses hausser artificiellement : tels les assignats de la Révolution, le papier monnaie de la République Argentine.

etc., avec ce système on court à la ruine. L'argent, avec la tendance à la baisse pourrait amener un résultat analogue. Ces hausses artificielles des marchandises ne procurent aucun bienfait durable, par contre les gens qui vivent de revenus fixes, en sont immédiatement victimes. Enfin au moment inévitable de la réaction c'est une ruine générale.

Lorsqu'après la guerre de 1870 l'Allemagne toucha les milliards de l'indemnité de guerre, il y eut une si subite élévation de tous les prix et une fièvre de spéculation telle, que les effets désastreux se sont encore fait sentir 20 ans après. On comprend que l'industriel ou le commerçant réalise un bénéfice dans une période de hausse, mais l'agriculteur, qui ne touche le prix de son travail qu'une année après sa mise de fonds, risque fort d'arriver trop tard car la hausse ne peut durer longtemps, la réaction est inévitable. Exemple : la laine a baissé énormément dans ces dernières années et cependant presque toute la laine vient des pays à étalon d'or parfait (Australie, Cap) ou étalon de papier (Plata). Cette baisse provient de l'abondance du produit et de la réduction du fret et nullement de la crise monétaire.

En temps ordinaire, l'Europe envoie aux Indes 400 millions de francs dont 40 % en or, quand le métal or devient rare cet envoi de numéraire devient pénible. Quand l'argent baisse on envoie moins d'or, ainsi de 74 à 79, où l'argent a baissé de 59 à 51 pence, les envois d'or aux Indes ont diminué jusqu'à 16 millions par an au lieu de 150. Lors du relèvement éphémère de l'argent résultant du Bland Bill (1878) cet envoi remonta à 23 millions. Puis le métal blanc étant resté stationnaire de 1880 à 1884, les envois d'or remontèrent à 105 millions. Puis, nouvelle baisse de l'argent, de 1885 à 1889, correspondant à une nouvelle diminution d'envoi d'or à 66 millions. Ainsi la baisse de l'argent maintient l'or en Europe car l'étranger demande toujours le métal le moins cher. Donc la baisse de l'argent a plus d'avantages que d'inconvénients au point de vue du maintien en Europe des stocks monétaires d'or.

Ceux qui espèrent l'accord universel oublient que la Russie, l'Autriche, l'Italie, qui, sans avoir une circulation d'or, possèdent cependant une forte réserve de ce métal, n'iront pas bénévolement, pour un but qui ne les intéresse pas, compromettre leur situation péniblement acquise et renchérir un métal dont ils ont besoin pour leur monnaie divisionnaire? Ces trois pays font de grands sacrifices pour acheter de l'or et assainir leur circulation. C'est un signe qu'ils se désintéressent complètement du 15 ½.

Si tout à coup on adoptait le 15 ½ universel le relèvement de 50 % du métal argent provoquerait un tel déchaînement de spéculation qu'on peut difficilement s'en faire une idée, et alors la réaction amènerait une crise sans précédent car jamais on n'a vu une opération de cette importance. Une autre conséquence serait l'émigration immédiate de l'or ! Se résignerait-on en Angleterre, France, Allemagne et Etats-Unis à se dessaisir du métal jaune?

Est-il prouvé que c'est le pays qui produit au meilleur marché qui établisse le cours ? Il faut encore voir combien ce pays est capable de livrer de produits, car dès que sa production est absorbée les cours remontent. Il faut aussi compter avec la spéculation. Elle achètera toute la production du pays à étalon d'argent et nivellera son prix de vente avec celui des pays à étalon d'or.

La hausse de 1896 par suite de la disette des Indes, n'est pas non plus un fait probant ; cette hausse tient plus à la panique et à la spéculation qu'à la disette. En effet la faculté d'exportation des Indes est faible par rapport à celle de la République Argentine et des Etats-Unis.

En quoi le 15 ½ peut-il intéresser les pays à étalon de papier comme La Plata? en rien absolument. Le 15 ½ universel ne parerait nullement au danger de la concurrence de ces pays si la théorie bimétalliste était fondée.

D'après Soëtbeer et Lexis, Les rapports officiels montrent que la richesse en argent des Etats du Pacifique est inépuisable, et que la production dépend uniquement du développement des chemins de

fer, des perfectionnements mécaniques de l'extraction et de l'abondance de la main-d'œuvre. La baisse a eu pour effet de laisser
à l'état brut une grande quantité de minerai pauvre qu'on réserve
pour le jour où on aura trouvé un procédé de traitement plus économique, ou de la réhabilitation de l'argent. Au Mexique, la crise n'a
pas amené de ralentissement dans la production de l'argent ; au
contraire, tous les producteurs veulent compenser par un chiffre plus
grand, la perte éprouvée sur le prix de vente. Il est avéré que la
production ira en augmentant et le prix en diminuant encore longtemps, et la législation est impuissante à entraver ce mouvement.

La théorie dite quantitative, cheval de bataille des bimétallistes,
qui énonce que le prix des marchandises dépend de la quantité de
monnaie disponible est erronée.

On a déjà renoncé à cette affirmation que l'approvisionnement
du numéraire doit être équivalent en valeur à la totalité des transactions ; les compensations et les reports ne permettent pas de soutenir
cette exagération. On persiste toutefois à croire que la quantité absolue
des espèces métalliques en circulation domine les prix des marchandises, en ce sens que, si demain, la somme de monnaie était doublée
dans un pays, le prix des marchandises doublerait également et par
là un allégement équivalent des débiteurs, lesquels pourraient se
libérer avec moitié moins de produits à vendre.

Cette erreur repose sur une fausse interprétation de la loi qui, dans
chaque pays, donne à la monnaie une valeur obligatoire pour tous
et sur l'exagération de l'influence que peuvent exercer les
intruments d'échange sur l'étendue de l'échange lui-même. L'en-
chérissement d'une marchandise signifie que celle-ci peut être
échangée désormais contre une plus grande quantité d'autres
marchandises. Il en résulte que le prix de toutes les marchandises
baisse par rapport à la première tout en se maintenant entre elles
dans leurs proportions primitives de valeur jusqu'à ce qu'intervienne
un facteur nouveau. Si, au lieu d'une, deux ou plusieurs marchandises haussent parallèlement le raisonnement est le même ; ces

marchandises restent entre elles dans le même rapport et ne varient que dans leur rapport avec celles qui n'ont pas changé.

Les métaux précieux monnayables obéissent aux mêmes lois. La récolte des céréales est-elle mauvaise, la valeur de l'or et de l'argent baissera relativement au prix des céréales, mais conservent entre eux leurs valeur respectives. De même quand l'un des métaux varie par rapport à l'autre par suite de variations dans le coût de l'extraction, les besoins de la frappe, les emplois industriels ou toute autre cause. C'est le cas, qui ne se produit plus actuellement, où un pays admet à la frappe, sans limite les deux métaux précieux ; chaque variation de valeur de l'un des deux provoquera un refoulement de celui qui prime l'autre.

Les monnaies ne remplissent plus exclusivement les fonctions d'échange mais servent surtout de fonds de couverture des instruments de crédits, et la circulation des instruments de crédit ne repose que sur la confiance en la valeur intrinsèque des fonds de couverture. Mais on est pas d'accord sur la partie de la loi fixant l'étalon monétaire! Selon les uns le franc est l'unité de valeur comme le mètre est l'unité de mesure ou le gramme l'unité de poids ; que cette unité de valeur est fixe et qu'autour d'elle les produits montent ou baissent. Selon les autres le franc est l'estampille officielle d'une quantité de métal à un titre déterminé, et, quant au reste, une marchandise, soumise comme les autres, aux lois de l'offre et de la demande.

Ces deux théories ont besoin chacune d'une rectification.

La monnaie est certainement plus qu'une unité de mesure, un dénominateur commun de tous les produits ; elle possède une valeur propre car elle est faite d'une marchandise utilisable dans l'industrie et les arts, différant en cela du mètre ou du gramme qui restent les mêmes quelle que soit la substance dont ils sont faits. Cependant la valeur intrinsèque des monnaies n'a, en aucune façon, le caractère d'une unité de mesure de la valeur, absolue et invariable. Elle se règle d'après toutes les autres valeurs des marchandises, variables selon les lois de l'offre et de la demande. Cette valeur instrinsèque de la monnaie ne concentre pas non plus en elle-même tout le mouvement des valeurs. Les prix des denrées peuvent varier entre elles tout en s'exprimant et se réalisant en monnaies. L'Etat ne peut conférer aucune valeur propre à la monnaie ; il exerce tout bonnement une influence sur la valeur marchande du métal précieux quand il en demande pour les besoins de la frappe ; car les métaux or et argent servent encore à d'autres usages très importants. S'il y a fluctuation dans la valeur du métal en lingots, la valeur de la monnaie ne réagit pas immédiatement ni proportionnel-lement sur les prix des marchandises. Car il faut tenir compte que la loi donne à cette monnaie un cours obligatoire ; que l'Etat est forcé de la recevoir en paiement ; qu'une foule de choses dans la vie d'un peuple sont taxés en l'unité monétaire ; que la valeur de la monnaie ne change pas selon le caprice d'un seul, qu'elle ne peut changer que pour le compte de la masse.

Lorsque de 1873 à 1895 le prix du métal argent a baissé, le prix de toutes les marchandises aurait dû hausser dans le pays à étalon d'argent. Il n'en a rien été parce que les Etats n'ont pas liquidé le délicit résultant de leur circulation de métal déprécié. Quand le métal monnaie baisse l'Etat devient débiteur envers les citoyens de la différence et réciproquement, mais la dette, n'étant pas exigible, on peut faire comme si elle n'existait pas.

Ce qui trompe les bimétallistes quant à la persistance du pouvoir d'achat de la monnaie dépréciée dans les pays à étalon d'argent, c'est le retard provenant du manque de routes, mais l'équilibre se rétablit à la longue. On ne peut donc fonder un système monétaire sur un état de choses temporaire.

Faite sous la pression du change, l'exportation est une perte parce qu'elle n'est compensée par aucune importation de métal. Les pays à change malade sont débiteurs de l'étranger ; souvent la perte est supportée par les ouvriers mais dès que le change, même mauvais, est stable, les salaires se rétablissent normalement.

Les bimétallistes se figurent qu'en Russie le rouble vaut toujours 4 fr. et que dans la République Argentine le peso a toujours un agio de 300 ! A 260 le change argentin ne présente plus aucun avantage aux exportateurs. Aussi le prix des céréales n'est-il pas exclusivement lié aux fluctuations du change.

La roupie a remonté depuis 3 ans ; elle valait jadis 2,38, elle était tombée à 1,00, elle est remontée à 1,60, soit 44 % de plus que le métal. Le rapport 15 1/2 sera probablement rattrapé sous peu tout cela grâce à la raréfaction de la pièce. Là où la frappe est libre, la pièce descend au prix du métal-marchandise. (1)

Après la Chambre des seigneurs de Prusse, la Chambre des députés a émis un vote nettement favorable à la cause du bimétallisme international. A la Chambre des seigneurs, 72 voix contre 39 s'étaient prononcées pour la proposition Mirbach tendant à inviter le gouvernement à hâter les négociations à ouvrir pour l'introduction du bimétallisme international. A la Chambre des députés, 187 voix contre 92 ont admis la proposition Arendt, amendée par M. Zedlitz, et tendant à arriver au bimétallisme international « en agissant de concert avec l'Angleterre ».

L'Angleterre, ainsi sollicitée, se dérobera-t-elle à un nouvel examen de la question monétaire ? A la clôture de la conférence internationale de 18-92, sir Rivers Wilson, premier délégué, avait pris soin de déclarer que si le gouvernement britannique assistait encore à une nouvelle conférence, ce ne serait que pour examiner une proposition essentiellement pratique et explicite et « qui ne serait pas en contradiction avec les principes monétaires » fondamentaux des divers pays ». Aujourd'hui, comme il y a trois ans, « les yeux sont tournés vers l'Angleterre : on s'aperçoit et on reconnaît que l'Angleterre a dans cette question un rôle prépondérant

---

(1) La roupie en 1897 à remonté au pair.

à remplir ; l'Angleterre étant le premier marché du monde, c'est de l'Angleterre qu'il faut que parte la première lueur d'espérance ».

Sous ce rapport, les choses ont fort peu avancé ; et on ne se résout pas plus en Allemagne qu'en Amérique et en France à concevoir la possibilité d'une union bimétallique internationale dont l'Angleterre ne ferait pas partie.

SOLUTIONS PROPOSÉES

Voici maintenant une revue rapide des diverses solutions proposées dans les congrès et dans la presse. Aucune de ces solutions n'a eu le don de réunir la majorité des suffrages des délégués des diverses contrées représentées. Mais peut-être en les amalgamant trouvera-t-on les éléments d'une entente qui, bien que difficile, n'est pas impossible.

1° Ricardo. Séparer la frappe des lingots destinés à former les réserves des banques de celle des pièces courantes et frapper les lingots de façon à les rendre impropres à la circulation et qu'ils ne puissent servir qu'à l'exportation. On leur donnerait une forme incommode, par exemple un losange allongé. Cette mesure protégerait les banques contre les paniques. Il n'y aurait pas de frai.

Les pièces d'or courantes seraient billonnées (titre inférieur) pour les empêcher de sortir du pays ; les lingots seuls sortiraient, cela donnerait encore une disponibilité supplémentaire. Enfin on pourrait toujours faire rentrer dans les caisses de l'État ces pièces d'or billonnées par simple menace de ne plus les recevoir qu'au poids à partir d'une date de. Ainsi on ne cacherait plus l'or dans les bas de laine.

2° Les pièces de monnaie ne porteront plus aucune indication de valeur mais seulement de *poids* et de *titre*. Les États s'entendraient pour uniformiser ces poids et titre.

3° Dans les pays à deux étalons, le débiteur pourrait se libérer moitié en or moitié en argent. Sous le régime du papier monnaie, le débiteur paierait 1/3 or, 1/3 argent, 1/3 papier. Ainsi les deux ou trois monnaies étant toujours demandées simultanément ne varieraient plus l'une par rapport aux autres.

4° Création d'une monnaie mixte, composée de 1 or et 15 1/2 argent.

5° *Bimétallisme moyen* Boissonade.

Répartir entre les deux parties le bénéfice ou la perte du change des monnaies ou de leur cours moyen.

Le résultat sera le même que le paiement en deux monnaies tout en laissant au débiteur le choix de la monnaie.

Soit 100 fr. avec baisse de 10 % sur l'argent. Si on paie en argent il donnera 50 fr. c'est-à-dire la moitié en argent et 55 fr. représentant 50 frs. d'or. S'il paie en or il ne donnera que 50 fr. en or et 45 fr. 49 $=$ 50 fr. d'argent moins la baisse. Ou bien on additionne la valeur de la dette en or et en argent et on paie la moitié. Ainsi se trouve partagé le risque du change. On appellerait cela le *franc moyen*.

6° Weber. Mise en régie des mines.

Accaparement par les gouvernements de toute la production de l'argent. Réglementation de cette production pour éviter les fluctuations. Ou bien fixation par le gouvernement du prix de vente du métal blanc, bénéfices au profit des gouvernements. Ou encore impôt sur le métal produit.

7° *Tietgen*.

Création d'une monnaie d'argent internationale avec plein pouvoir libératoire dans plusieurs pays. Fixation du rapport au prix des 12 mois précédant la convention, avec 1/10 seigneuriage. Une commission de délégués de 3 ou 5 États surveillerait le cours du marché de l'argent. Si le prix de l'argent baisse de 5 % en dessous du cours adopté, elle convoquera une conférence pour décider le remonnayage. Les banques d'émission pourront avoir en caisse un tant p. % d'argent de l'Union.

8° Sir W. Houldsworth.

Union bimétalliste sans l'Angleterre ni l'Allemagne !! Les nations dissidentes recevraient des dépôts de lingots d'argent et en donneraient un reçu ! *A*. Chaque reçu spécifie le poids d'argent fin déposé et sa valeur en or selon un rapport à fixer par convention internationale. *B*. Il ne serait pas reçu de dépôt inférieur à un minimum (200 onces). *C*. La quantité d'argent spécifiée au reçu sera remise au porteur du reçu sur sa demande, en poids. *D*. Ces reçus circuleront comme monnaie (1).

9° M. Windom, ministre du Trésor américain, a cherché a enlever à Londres le marché de l'argent pour le transporter à New-York et San Francisco. Il voulait ouvrir les hôtels de monnaies au dépôt libre de lingots d'argent et de les payer en billets du Trésor à la valeur du marché le jour du dépôt ; les billets étaient remboursables en or ou en argent, au gré du Trésor, selon la valeur inscrite au billet. L'État s'interdisait de frapper des pièces d'argent. L'auteur pensait que ces certificats remboursables en or ou en argent prendraient place dans les portefeuilles des banques ou circuleraient pour les grandes transactions comme instruments de compensations et surtout

---

(1) Ce projet n'est pas neuf, il a été proposé par le ministre Huskisson, en 1826, alors qu'en Angleterre on doutait encore de la réussite de la réforme de lord Liverpool (en 1816). L'Angleterre avait alors de graves difficultés monétaires pour son commerce des Indes et de l'Amérique.

Ne pouvant frapper de monnaies d'argent elle ne pouvait satisfaire les demandes des colonies à étalon blanc et, en cas de change défavorable, elle risquait de voir partir tout son or.

C'est ce qui décida Huskisson à proposer la circulation de ces certificats d'argent au rapport de 15 1/2.

C'est le bimétallisme français sans la frappe. Certificats d'au moins 50 £ accessibles seulement à la banque et au commerce.

Ce projet a été écarté comme les autres à la conférence de Bruxelles, comme il a été abandonnée en 1826.

D'ailleurs ni l'Angleterre ni l'Allemagne n'accepteraient ce système dont les inconvénients sont graves. En cas de rupture, le légal tender des certificats disparaît et ils perdent 50 % ou plus et sans le légal tender le projet ne tient pas debout. Ce danger de la rupture est le faible de toutes les conventions internationales.

que l'argent seul serait exporté en Asie pour sa consommation, au lieu de passer par Londres. Il espérait ainsi enrayer la baisse du métal blanc. Le gouvernement américain n'admit pas le projet. On fonda alors la Western National Bank pour réaliser l'idée de Windons et la banque internationale du Mexique reçut du gouvernement mexicain l'autorisasion d'en faire autant. Ces deux établissements émirent des certificats d'un commun accord, c'étaient des espèces de warrants de marchandise argent, comme en émettent les magasins généraux. Le métal restait immobile et on le mobilisa. La combinaison échoua. Le prix de l'argent baissa au lieu de monter. La spéculation s'empara des certificats qui devinrent l'objet d'opérations à terme. La production du métal augmenta, il afflua par torrents, et chose curieuse la quantité parut même doubler par la circulation simultanée du certificat et du métal et les dépôts du métal aux deux banques étaient relativement insignifiants. On avait oublié que le métal non monnayé ne peut remplir l'office de monnaie. La monnaie, pour circuler, doit être de la monnaie divisible et mobile. Le projet Windom en outre ne s'occupait pas de la demande du métal blanc, au contraire il la diminuait; il ne réglait pas l'offre et la demande, il offrait une chose non demandée, elle devait baisser.

Le billet de banque a un autre caractère, il est toujours remboursable en monnaie véritable et circule ainsi aisément, de même que le chèque qui représente une provision. Il n'en est pas de même du warrant, ou certificat d'argent marchandise. Quant aux warrants véritables ils mobilisent les marchandises sans avoir les prétentions d'en faire hausser le prix. Personne n'a pensé que le warrant pût servir à augmenter la demande ou diminuer l'offre des marchandises qu'ils représentent mais simplement éviter l'immobilisation des capitaux, etc. attendant le moment favorable pour vendre les marchandises. En réalité l'émission des certificats d'argent a été préjudiciable aux intérêts des argentistes.

10° M. Allard, directeur honoraire de la monnaie de Belgique, a repris l'idée de Windom et a proposé à la conférence de Bruxelles de l'appliquer à l'ensemble des nations. Si, dit M. Allard, on étendait le projet à une entente internationale il raffermirait le marché de l'argent. Les Etats, émettant des certificats d'argent risqueraient moins de fluctuations que celles que l'on observe actuellement. Ou réagir en prenant une mesure collective, ou risquer de voir s'aggraver encore la situation monétaire.

M. Allard n'explique pas comment la violation d'une loi naturelle réussirait mieux collectivement qu'individuellement. Il est vrai que M. Allard propose une modification au système qui a si mal réussi en Amérique, il fait inscrire sur les certificats un rapport fixe entre les deux métaux sauf à faire supporter par les nations contractantes les risques de variations du change ! Le congrès repoussa avec raison cette proposition, il prévoyait qu'il y aurait peu d'adhésions parmi les nations non intéressées à la reprise du métal blanc.

11° Proposition Montefiore et Sainctelette, délégués belges (mono métallistes or). Ces économistes demandèrent s'il n'y aurait pas un moyen de réunir les deux métaux et d'obliger les acheteurs d'or à prendre en même temps une certaine quantité d'argent ? On créerait des récépissés d'or et d'argent dans lesquels les deux métaux iraient toujours de pair. La proportion serait réglée par une commission internationale qui donnerait aux certificats le pouvoir libératoire dans tous les pays sans cours forcé. On forcerait ainsi les banques d'émissions à avoir en caisse les deux métaux dans la proportion fixée. L'inconvénient de ce système serait encore d'assurer une prime à l'or libre et on délaisserait les certificats mixtes. Et quel rapport admettre? les deux auteurs proposent 1 : 24, pourquoi pas 1 : 36. En tous cas, le projet mal étudié, non développé n'eut aucun succès.

12° M. Cernuschi a proposé que l'Angleterre, l'Allemagne, les Etats-Unis et la France adoptent un seul système monétaire, dont l'unité serait le *Juste* en argent du poids et titre de la pièce de 5 frs et le *Juste* en or, du poids et titre du dollar d'or américain.

Le rapport serait ainsi 1 à 14.9538.

13° MM. Coste et Levasseur sont pour le statu quo régularisé;

étalon d'or; argent réduit au rôle subalterne avec pouvoir limité à 500 fr. ou 1.000 fr. Ils comptent ainsi augmenter les demandes d'argent, mais du coup l'argent qui dans l'union latine a conservé toute sa puissance, tomberait de 50 % et le monométallisme or serait alors définitif là où il n'est encore que boiteux.

14° M. de Contenson a proposé la libre frappe de l'argent et deux étalons de noms différents, le franc d'argent, la livre d'or (20 fr. ou 25 fr.). L'argent serait l'étalon fixe ; la valeur de la livre varierait selon le cours relatif des deux métaux !

15° M. de Laveleye propose que chaque État adopte un seul étalon or ou argent : ce qui enlèverait forcément à l'autre métal toute force libératoire, mais ce dernier métal ne sera pas pour cela proscrit. Il pourra circuler sous forme de certificat de dépôt avec acceptation facultative ; et sa valeur variable sera exprimée en monnaie légale comme l'est toute autre marchandise. Le métal non légal sera *seul* employé pour couvrir la circulation des billets.

16° M. de Schraut (de Strasbourg) ne veut ni abandonner l'étalon d'or ni accepter la frappe libre de l'argent. Il propose une entente entre les pays à circulation prospère, afin d'autoriser les pays embarrassés de leur monnaie d'argent dépréciée, à émettre une certaine quantité de certificats couverts par des réserves d'argent en lingots ou monnaies. Le rapport entre les deux métaux étant $\frac{1}{20}$ ou $\frac{1}{30}$ Les certificats serviraient aux relations internationales seules, — et seraient toujours convertibles dans le pays d'émission contre monnaies d'argent ou d'or au rapport adopté. D'après l'auteur, ce système ne menacerait en rien les réserves d'or des pays qui ont pu se les créer, il suffirait pour cela d'une certaine prudence de la part des pays émetteurs, et une limite de durée d'au plus cinq ans, de la convention, afin de pouvoir la modifier selon les fluctuations des cours. Par contre cette combinaison aurait pour effet de relever les cours du métal blanc et des denrées. Les puissances telles que les Indes et La Plata retrouveraient pour leurs achats et engagements en Europe une monnaie fixe grâce à ces certificats.

Dans leur circulation intérieure également, l'argent ne tarderait pas probablement à se relever. M. de Schraut n'est même pas éloigné de croire que les États-Unis, dont l'Europe pourrait accepter pour un milliard de certificats d'argent, arriveraient à s'entendre avec d'autres Républiques américaines, pour passer au bimétallisme et donner, dans une forte mesure, satifaction aux silvermen.

Les Indes et d'autres producteurs de céréales sortiraient peu à peu de leur embarras qui les forcent à jeter à tous prix leurs produits sur les marchés d'Europe ; et ceux-ci ne souffriraient plus de cette pression de baisse.

Cette organisation internationale de banque et de crédit, est, selon l'auteur, la seule possible aujourd'hui. Quelques bimétallistes allemands s'y sont ralliés ; ceux d'Angleterre l'étudient avec soin, et les monométallistes intransigeants eux-mêmes lui trouvent des côtés séduisants. Le gouvernement allemand serait prêt à s'y rallier pour plaire aux agrariens.

17° Acheter tous les ans sur le marché une quantité d'argent. Les états d'Europe achèteraient par exemple 125 millions et les États-Unis 250 millions, et cela pendant 5 ans à moins que le prix de l'argent remonte à son taux normal. (Projet Rotschild, Angleterre, rejeté par la conférence de Bruxelles).

18° Faire à l'argent une place plus large dans la circulation en en retirant certaines monnaies d'or ou de papier, on limiterait ainsi l'emploi de l'or aux gros paiements. On supprimerait les pièces de 10 francs, de 10 M. ou de 10 Sh., les billets de banque en dessous de 100 francs, 100 M. ou 100 Sh. (projet Moritz Levy (Allemagne) à la conférence de Bruxelles). D'après ses calculs, cette mesure aurait pour effet de retirer de la circulation en Europe et aux États-Unis en billets :

en dessous de 20 fr. . . . . 2 1/4 milliards

en or. . . . . 1 1/2 milliards

Total. . . . . 3 3/4 milliards

dont, estime-t-on, la moitié seulement serait remplacée par l'argent.

Si j'osais faire à mon tour une proposition je demanderais :

1° Que la France, les Etats-Unis et toutes nations qui consentiraient à s'y associer, provoquent une nouvelle conférence ;

2° Qu'on crée une banque universelle ne recevant que des dépôts d'argent et qui, sous le contrôle d'un comité universel (un délégué par nation) émettrait des bons d'argent servant aux relations internationales, sans se préoccuper du rapport de l'argent avec l'or ;

3° Cette banque chercherait à fournir aux nations à circulation de papier, assez de métal blanc pour remplacer le papier inconvertible. Ces nations donneraient en échange à la Banque des garanties pour ces prêts de métal blanc. Ces garanties pouvant consister en terres domaniales, droits de perception des douane ou autres revenus, etc., etc.

4° Emploi de tous les moyens préconisés jusqu'alors ou à découvrir encore pour augmenter dans les pays à circulation d'or ou à étalon botteux la circulation de l'argent comme par exemple la suppression des pièces d'or inférieures à 20 fr., 20 marks ou 20 shillings, des coupures de billets de banque en dessous de 100 fr., 100 marks ou 4 livres.

Augmentation jusqu'à 100 fr., 100 marks ou 4 livres du pouvoir libératoire de la monnaie divisionnaire.

Création de billon avec alliage d'argent pour les pièces de 20 centimes, 20 pfennigs ou 2 pence.

Toutes ces mesures ne peuvent manquer de relever le prix de l'argent s'il est possible de le relever.

La banque universelle aurait le monopole de la frappe de l'argent qu'elle ferait sous sa responsabilité et à son corps défendant.

APPENDICE

TABLEAUX-GRAPHIQUES.

Tableau de quelques variations de prix (Dollars) aux États-Unis, de 1885 à 1895.

NATURE DES DENRÉES	1885	1895	HAUSSE %	BAISSE %
Maïs	0 42 5/8	0 48	12	»
Avoine....................	0 28 7/8	0 20	»	31
Chanvre	1 28	1 4 1/2	10	»
Bœufs	0 4 1/2	0 5 1/4	17	»
Porcs	0 4 3/4	0 4 7/8	2	»
Moutons....................	0 3 1/4	0 3 1)2	7 1/2	»

Sauf l'avoine, qui a baissé de 31 %, tous les autres produits ont haussé de 2 à 17 %.

Où est la baisse générale ?

Le graphique A (page 56) montrant le mouvement d'exportation des blés de Russie pendant la période décennale de 1885-1894, comparée au cours du rouble papier, et qui montre que le cours du change n'a rien de commun avec l'exportation des céréales.

GRAPHIQUE A.
Exportation des blés de Russie pour l'Allemagne comparée au cours du Rouble

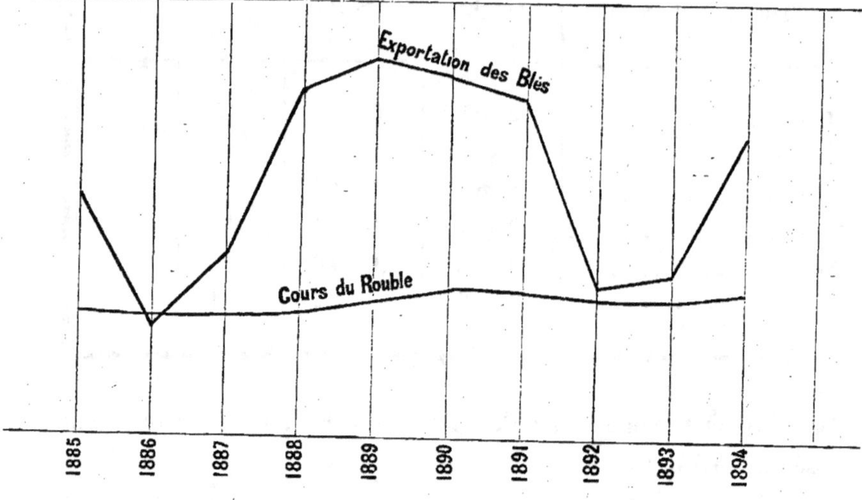

Exportation des Blés
Cours du Rouble
1885
1886
1887
1888
1889
1890
1891
1892
1893
1894

RAPPORT ENTRE L'OR ET L'ARGENT
depuis 1500 jusqu'à nos jours,
d'après M. DE FOVILLE.

1501-1520	10 75		1771-1780	14 64
1521-1540	11 25		1781-1790	14 76
1541-1560	11 30		1791-1800	15 42
1561-1580	11 50		1801-1810	15 61
1580-1600	11 80		1811-1820	15 51
1601-1620	12 25		1821-1830	15 80
1621-1640	14 »		1831-1840	15 67
1641-1660	14 50		1841-1850	15 82
1661-1680	15 »		1851-1855	15 41
1680-1700	15 »		1856-1860	15 30
1701-1710	15 27		1861-1865	15 40
1711-1720	15 15		1866-1870	15 55
1721-1730	15 09		1871-1875	15 97
1731-1740	15 07		1876-1880	19 »
1741-1750	14 93		1881-1885	19 80
1751-1760	14 56		1886-1890	26 50
1761-1770	14 81		1891-1895	28 »

PRODUCTION	OR	ARGENT (pair).
1876-1880	2.860	5.300 millions
1881-1885	2.646	5.603 »
1886-1890	2.925	6.689 »
1891-1895	4.219	9.669 »
TOTAUX	12.651	27.761
Total de 1393 à 1895	45	55 milliards
TOTAL	100 milliards.	

Moyenne générale annuelle 250 millions
Production d'or et argent.

Au XVIe siècle........ moyenne annuelle.   80 millions.
Au XVIIe siècle.......   »   »   115   »
Au XVIIIe siècle......   »   »   193   »
De 1800 à 1850 ......   »   »   227   »
De 1850 à 1875.......   »   »   930   »   (2/3 or)
De 1875 à 1885.......   »   »   1.090   »   (1/2 or)
De 1885 à 1890.........   »   »   1.340   »   (750 argent)
De 1890 à 1895.......   »   »   1.934   »   (1.030 or).

En prenant 2.000 millions pour 1895 à 1900, ce qui est en dessous des probabilités, la moyenne du XIXe siècle sera 722 millions.

Production de métaux précieux dans le monde.

ANNÉES	OR	ARGENT (pair).
1893...........................	845 millions	1.142 millions
1894........................	970 »	1.152 »

L'Amérique produit les 4/5 de l'argent du monde entier, l'Australie 1/10, le reste du monde 1/10.

Quantité d'or produite en 1895 par diverses contrées.

Graphique B

États-Unis............... 70.500 k.
Transwall 78.000
Australie .... 60.000 à 75.000
Russie et Chine......... 65.000
Valeur totale environ.... 940 millions.

Les causes de la baisse de l'argent.

Le graphique B est tiré des bradstreets du 18 juillet : il montre clairement pourquoi les prix de l'argent ont baissé aussi fortement. Les prix ont baissé exactement en raison inverse de la production, déduction faite des emplois industriels. La production totale annuelle en déduisant les emplois industriels et artistiques est utilisable en monnaie ; il est prouvé qu'elle est considérablement en excès par rapport aux besoins.

Il importe de noter que la courbe pointillée est exactement en correspondance avec la courbe ascensionnelle représentant la production annuelle de l'argent dans le monde entier, sauf les quantités utilisées dans l'industrie.

Si la production et les prix du blé, du fer, du cuivre et toute autre matière commune étaient représentés sur ce tableau au lieu de l'argent, la baisse des prix due à l'excès de production serait aussi bien indiquée. Nous trouvons que la production en argent, sans compter les emplois industriels, a augmenté de près de onze fois de 1866 à 1893 et depuis ce temps la production n'a cessé d'augmenter encore.

Il a été noté également que la production de l'or dans le monde entier, abstraction faite des emplois industriels a baissé pendant les 2/3 de la période sus-indiquée et depuis elle a augmenté faiblement et elle est aujourd'hui plus grande qu'elle n'a été dans aucune année de ladite période.

Il y a dans la baisse de l'argent une perturbation en 1890 pendant que la loi Sherman aux Etats-Unis était en vigueur et où l'argent en lingot a été artificiellement appréciée pendant une courte période. Depuis, la loi de l'offre et de la demande a repris son effet et les prix ont baissé en raison de l'offre excessive.

En ce qui concerne le blé, le coton, le fer, un diagramme du même genre donnerait les mêmes conclusions que la dépression des prix et la conséquence immédiate de l'excès de production.

Mais par une étrange aberration d'esprit les avocats de la libre frappe de l'argent se sont persuadés que le prix de l'argent ne suit pas les mêmes lois que celui des autres denrées. La production annuelle de l'or, toujours en déduisant l'emploi industriel ne monte pas avec une aussi extraordinaire vitesse que celle de l'argent ; et considéré comme marchandise. l'or n'a pas changé de valeur par suite de la loi de l'offre et de la demande.

La loi de l'offre et de la demande peut être temporairement suspendue, mais elle ne peut pas être transgressée indéfiniment ; l'argent a baissé par suite de son excessive production comme le blé a baissé pour la même raison. La frappe de 1878 à 1893 a été cinquante fois plus importante que ce qui a été frappé de 1792 à 1873 et a failli arrêter la baisse du prix de ce métal et soulever la question de notre habileté à maintenir l'étalon d'or de valeur qui est employé par les nations les plus civilisées et amena la panique de 1893 dont nous attendons en ce moment le retour. Avec la suppression du spectre de l'argent la confiance reviendra et les affaires remarcheront de plus belle.

Coton et argent (Graphique C).

M. Alfred B. Shepperson dans une lettre adressée à l'Evening-Post le 22 octobre dernier dit : « J'ai fait récemment une comparaison entre les prix de l'argent et du coton à New-York depuis 1874. Les chiffres pour l'argent ont été fournis par M. R.-E. Preston, directeur de la monnaie et les chiffres pour le coton sont tirés des cotes de la bourse de coton de New-York. Il résulte de mes observations que pendant la période susdite le prix de l'argent n'a pas eu d'influence directe sur celui du coton dans ce pays. La tendance générale de l'argent et du coton a été à la baisse, mais les deux produits n'ont pas baissé de concert, le prix de chacune des marchandises a été influencé par ses propres conditions d'offre et de demande. Jamais la variation de prix de l'argent d'une année à l'autre n'a coïncidé avec la variation du prix du coton.

En telle année le coton a baissé lourdement concurremment à une forte hausse de l'argent et a souvent monté sensiblement pendant que l'argent baissait sérieusement. Le 3 de ce mois le prix de l'argent était de 66 7/8 cents par once contre 109 1/4 cents le 4 janvier 1879, soit une baisse de 39 %. Le 3 de ce mois le coton middling valait 8 3/8 cents contre 9 1/2 cents le 4 janvier 1879 soit une baisse de 12 % seulement. Selon moi on n'a jamais avancé une plus grosse hérésie que celle de dire que depuis 1873 la baisse du coton est due à celle de l'argent. Je regrette de différer sur ce point avec mes amis du sud, mais j'ai fait une étude très sérieuse de la question, non seulement en ce pays mais aux Indes et en Egypte et mon opinion est basée sur des faits. Plusieurs causes ont contribué à la baisse du coton depuis 1873. Chacun sait que l'or à cette époque faisait prime et que de ce fait il faut ajouter plusieurs cents à nos cotations du coton. La grande réduction dans le prix de revient de l'acier Bessemer a été probablement la cause la plus importante de la baisse du prix du coton.

L'acier moins cher a diminué le prix de revient des chemins de fer et des navires ce qui a permis d'abaisser les frais de transport sur terre et sur mer.

Il faut y ajouter l'immense extension de la culture du coton, tant dans notre pays qu'ailleurs, ce qui a fait baisser dans d'énormes proportions la matière surproduite. Il faut tenir compte aussi de l'amélioration de qualité et l'abaissement de prix des engrais, des instruments d'agriculture, la diminution du prix de la main-d'œuvre et du loyer de l'argent, etc., etc.

Une autre et importante cause de réduction du prix de revient, c'est la constante augmentation dans le nombre relatif des petites fermes dans le sud et des progrès de la culture, qui en sont la conséquence. Les petites fermes produisent plus que les grandes à surface égale. Il y a encore l'augmentation de valeur de la graine de coton et l'augmentation de quantité de graine vendue qui diminuent également le prix de revient du coton.

Sur différents postes composant le prix de revient du coton, les frais ont diminué de moitié depuis 1873. Les perfectionnements dans les presses à emballer, ont diminué le frêt, des Indes en Europe des 2/3 depuis 1873. ce qui représente près d'un cent par livre.

Les Indes ont maintenant plus de 18.000 milles (31.000 kil. de chemin de fer) contre 6.000 (10.000 kilomètres) en 1873, ce qui a réduit dans des proportions énormes les frais de transport jusqu'à la mer. Il est donc facile d'expliquer la baisse des prix du coton sur les marchés d'Europe. Le transport du coton d'Egypte en Europe a également baissé dans des proportions considérables pour les mêmes causes.

D'un autre côté les frais de commission et de vente ont été réduits également. A aucune époque le planteur de coton n'a reçu une aussi large part du prix de vente sur les grands marchés.

Nos filateurs américains ne consomment qu'environ 30 % du coton récolté en Amérique ; le reste part pour l'Europe.

Le prix que les exportateurs paieront notre coton est basé exclusivement sur la valeur du coton sur les marchés européens. Il n'est pas possible à l'acheteur qui ne prend que 30 % d'un produit de fixer des prix à l'encontre des vœux de ceux qui achètent le reste. Il faut reconnaître donc comme un fait que le prix du coton dans ce pays est basé sur les conditions de l'offre et de la demande en Europe et d'après l'étalon d'or qui prévaut sur ces marchés.

S'il en est ainsi il est certain qu'aucun changement dans notre système monétaire ne peut influer sur le prix en or du coton ici ou en Europe. Nous reviendrions à l'étalon d'argent ou d'étain ou nous retournerions à la monnaie sauvage que cela n'affecterait en rien le prix du coton en Europe ni sa valeur en or ici. Les exportateurs auraient à faire des calculs pour réduire notre argent, notre étain ou notre monnaie sauvage en or et ce serait tout. Ce serait comme lors de la suspension des paiements en espèces ou il fallait calculer la valeur des greenbacks par rapport à l'or. La table suivante donne les fluctuations de l'argent et du coton à intervalles réguliers pour une période de temps qui confirme que le prix de l'argent n'a rien à voir avec le prix du coton.

D'après M. de Folleville on a frappé dans les 15 dernières années 11 milliards d'or et 10 milliards d'argent (valeur nominale).

ANNÉES	OR	ARGENT.
	millions	millions
1892......................	900	810
1893	1.200	800
1894	1.200	590 ⎫ Suppression des
1895......................	1.142	579 ⎬ achats Sherman et de la frappe des Indes.

Stock monétaire du monde. 48 milliards.

Or............................	19.150	millions.
Argent étalon	16.140	»
Argent divisionnaire..........	2.980	»
Billon	470	»
Papier monétaire découvert....	9.160	»
Or et argent..................	38.270	»

Le bureau de statistique de l'état de Massachusset vient de paraître (novembre 96), il contient un tableau relatif au rapport entre l'argent et les prix dans diverses contrées ; c'est une série de tableaux sur les valeurs, dans divers pays comparativement aux prix des diverses marchandises et salaires.

Un examen rapide du travail suffit pour montrer que les contrées à étalon d'or ont bénéficié de la baisse des prix due à l'augmentation effective des mécaniques tandis que leurs salaires sont rarement tombés, et là où ils n'ont pas augmenté ils sont généralement restés stationnaires.

Le cas de la Belgique montre une remarquable baisse de prix de 1886 à 96, excepté pour un ou deux articles.

Le ministre Ewing et le consul Roosevelt soumettent des tables de prix : le premier est relatif aux principaux articles d'importation et le dernier donne les prix des marchandises à Bruxelles tant produites dans le pays qu'importées.

Voici la table du consul Roosevelt :

ARTICLES	1886	1896	HAUSSE %	BAISSE %
Orge, pour 100 kilos.............	13 fr.	15 fr.	»	16.7
Chicorée, le kilo	0 50	0 35	»	30
Café, le kilo	1 86	2 30	24	»
Cotonnades écrues, le kilo........	4 »	3 20	»	20
— blanchies, »	4 50	3 50	»	22
— teintes, »	6 50	5 20	»	21
Œufs, la douzaine..............	1 08	0 84	»	22.5
Cuir, le kilo	6 20	4 50	»	27 5
Viande, le kilo..................	1 80	1 70	»	5.5
Lait, le litre	0 24	0 18	»	25.5
Avoine, les 100 kilos	16 »	15 »	»	6.5
Pétrole brut, les 100 kilos........	7 »	7 »	»	»
Pétrole raffiné, les 100 kilos......	17 »	17 »	»	»
Pommes de terre, les 100 kilos...	6 »	6 »	»	»
Riz, les 100 kilos................	40 »	18 »	»	55
Seigle, les 100 kilos	14 »	11 »	»	21.5
Sel brut, »	3 »	3 »	»	»
Sel raffiné, »	5 »	5 »	»	»
Tissus de soie, le kilo............	65 »	60 »	»	7.5
Peaux, le kilo......	5 »	4 »	»	20
Sucre, les 100 kilos......	30 »	34 »	»	6
Thé, »	7 »	7 40	»	60
Froment, les 100 kilos...........	20 »	13 »	»	35
Laine, »	175 »	145 »	»	17.5
Coton brut, »	115 »	85 »	»	26
Lin, »	100 »	40 »	»	50
Chanvre, »	80 »	60 »	»	25
Jute, »	50 »	40 »	»	20
Soie, »	70 »	45 »	»	36

Le ministre Ewing à la date du 27 août 96, présente la statistique des salaires de 1895 et montre qu'ils sont les mêmes qu'en 1886. L'échelle qu'il établit est mensuelle et démontre de :

28 09 dans la verrerie et la céramique ;
31 25 dans le tissage du lin, du coton, du chanvre et du jute ;
29 38 dans les mines et industries annexes ;
29 19 dans les industries chimiques ;
26 85 dans les accessoires du vêtement ;
26 34 dans l'industrie lainière ;
22 85 dans le meuble et le bâtiment.

En ce qui concerne les effets du tarif belge sur les prix et salaires, M. Ewing établit que les prix des objets nécessaires de la vie et l'industrie, tels que vêtements, chaussures, outils et instruments. etc., n'ont pas été touchés d'une façon appréciable par le changement du tarif dans les 10 dernières années.

La situation en Hollande est la même qu'en Belgique. Les salaires n'ont pas changé de 1884 à 1894, et dans certains cas ils ont été augmentés.

L'histoire économique de la France montre des salaires fixes avec une tendance à la hausse pendant que les prix des marchandises ont généralement baissé.

Le tableau suivant montre les prix moyens à la bourse de Paris de juillet 1887 et 1896.

	1887		1896	
Sucre raffiné, les 100 k.	97 fr.		98	»
Alcool à 90°, l'hectol.	13	50	20	50
Suif, les 100 k.	53	50	44	80
Huile colza, les 100 k.	55	50	53	»
Huile lin, les 100 k.	51	»	46	50
Farine, les 157 k.	54	»	37	80
Froment, les 100 k.	23	60	19	20
Orge, les 100 k.	14	»	10	50
Avoine, les 100 k.	16	60	15	»

M. F. Emoré, chef du bureau de statistique, en résumant les rapports des différents consuls arrive aux conclusions suivantes :

1° Il y a eu baisse générale des prix des denrées surtout certaines matières brutes, dans le monde entier. Certains prétendent que cette baisse est due à la hausse de la monnaie, d'autres qu'elle provient des progrès industriels et de l'augmentation de production agricole et industrielle.

A Mexico les prix ont été plus stables pour les objets pouvant être avantageusement exportés contre or, et que de grandes fluctuations dues à une rareté locale des produits sont constatées dans des marchandises telles que froment et grains dont les prix ont généralement baissé sur tous les marchés du globe.

2° Qu'il y a eu une hausse générale des salaires surtout dans les pays de grande industrie qu'ils soient à étalon unique d'or, ou à double étalon avec une réserve d'or.

Ci-après un tableau des salaires en or dans toutes les parties des Etats-Unis de 1840 à 1891. Ce tableau donne une moyenne des salaires journaliers de 87,7 cents (4 fr. 50) en 1840 et 160,7 cents (8 fr. 30) en 1891.

Il y a eu une hausse graduelle des salaires de 1840 à 1860. Depuis la hausse a été moins régulière mais plus rapide.

La période de 1875 à 1880 marque un arrêt, mais depuis la hausse a été continue. Comme il n'y a pas de chiffres complets pour les salaires aux Etats-Unis en 1896, le rapport affirme qu'il y a eu une baisse qui depuis semble continuer.

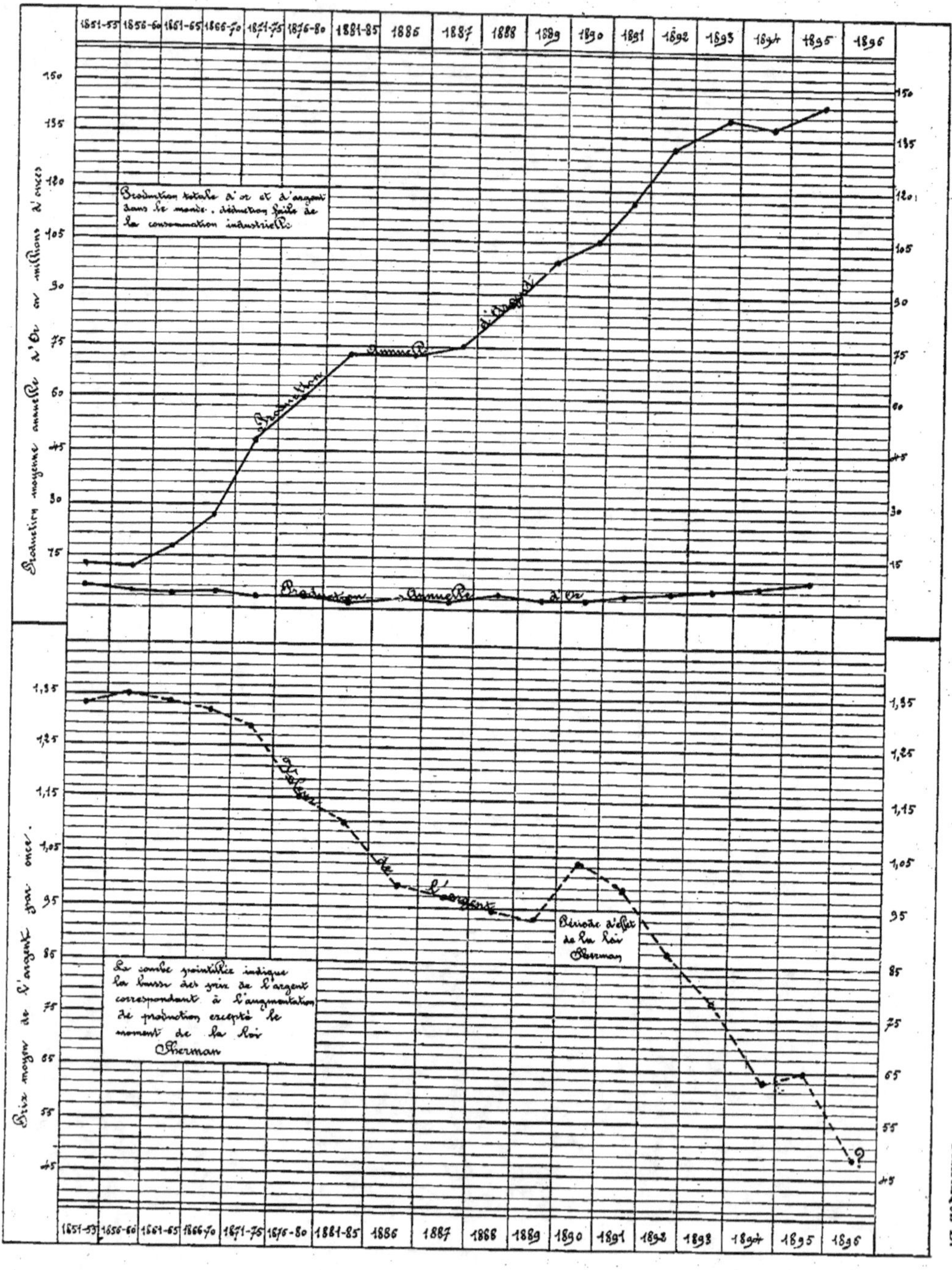

1851-55 1856-60 1861-65 1866-70 1871-75 1876-80 1881-85 1885 1887 1888 1889 1890 1891 1892 1893 1894 1895 1896
Production totale d'or et d'argent dans le monde. Déduction faite de la consommation industrielle
Production annuelle d'Or
Production moyenne annuelle d'Or en millions d'onces
150 135 120 105 90 75 60 45 30 15
Prix moyen de l'argent par once.
1,35 1,25 1,15 1,05 95 85 75 65 55 45
La courbe pointillée indique la baisse des prix de l'argent correspondant à l'augmentation de production excepté le moment de la Loi Sherman
Période d'effet de la Loi Sherman
GRAPHIQUE B.

Fluctuations des prix de l'argent et du coton à New-York, tous les six mois depuis 1879.

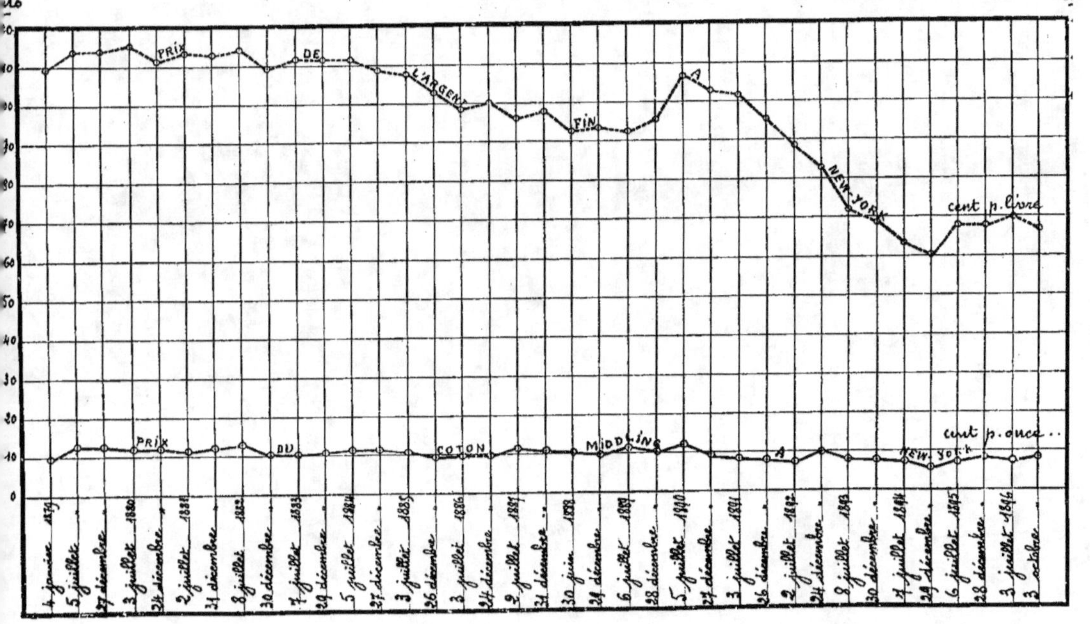

**Production aurifère du Witwaterrand
de 1887 à 1896.**

*Ajouter pour 1895-1896 environ 25 millions pour les autres districts
de l'Afrique australe.*

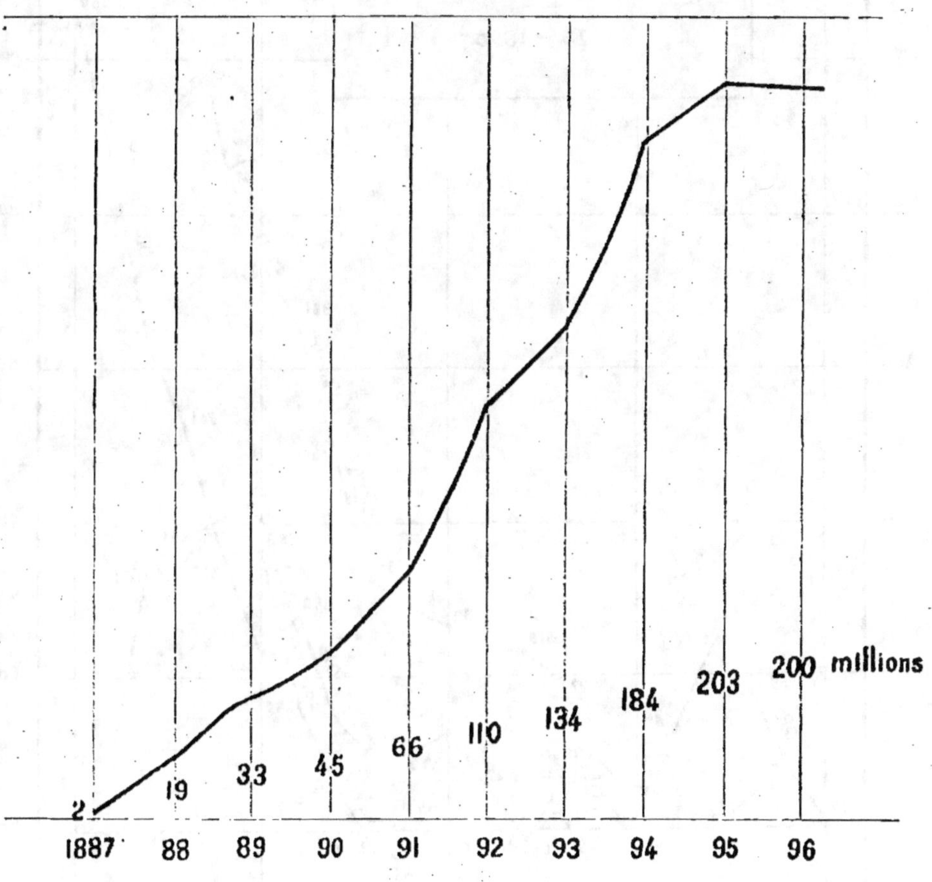

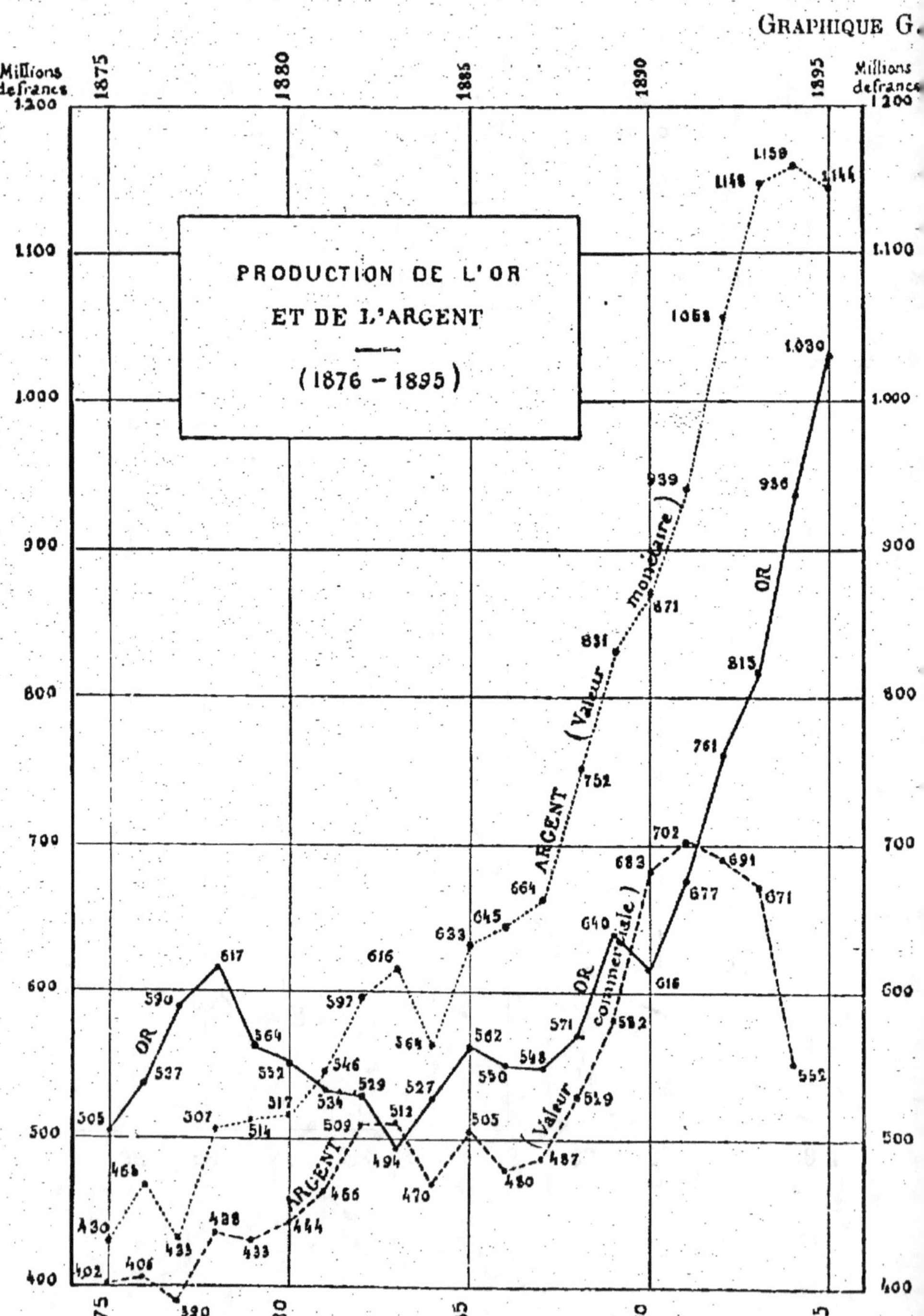

Millions de francs
PRODUCTION DE L'OR
ET DE L'ARGENT
(1876 — 1895)
OR
ARGENT
ARGENT (Valeur monétaire)
OR (Valeur commerciale)
(Valeur)
1875
1880
1885
1890
1895
1.200
1.100
1.000
900
800
700
600
500
400

OURS MOYENS MENSUELS DE L'ONCE STANDARD D'ARGENT À LONDRES DEPUIS 1892.

Prix de l'once standard correspondant au cours légal français 60 $\frac{13.4}{16}$ pence.

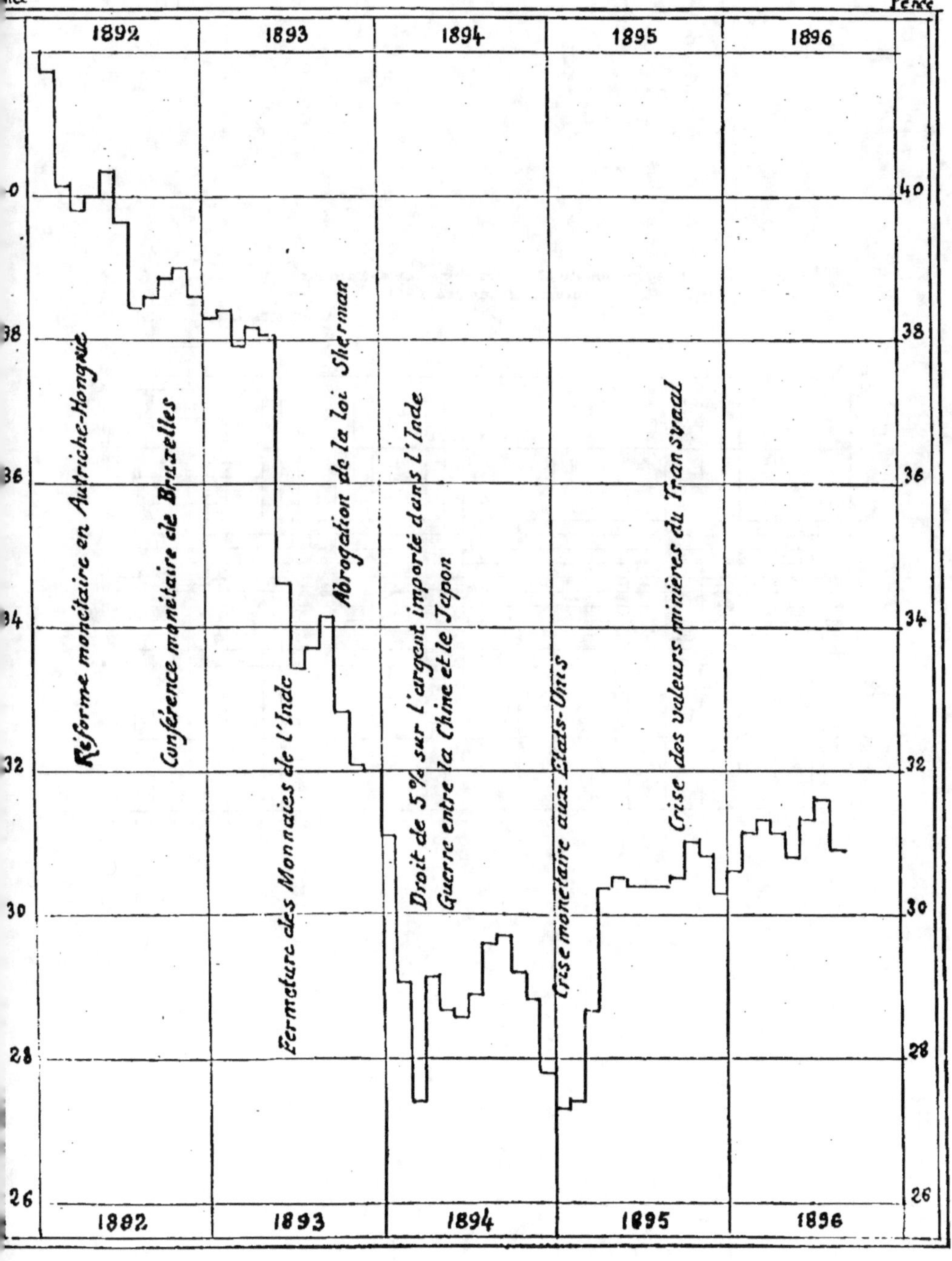

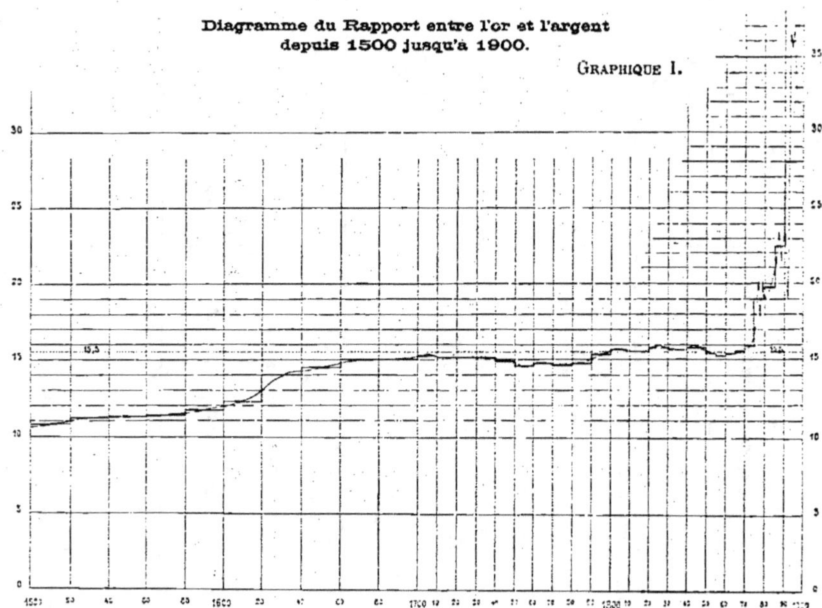

Diagramme du Rapport entre l'or et l'argent
depuis 1500 jusqu'à 1900.
GRAPHIQUE I.

Graphique comparé des crédits des diverses contrées en 1896.

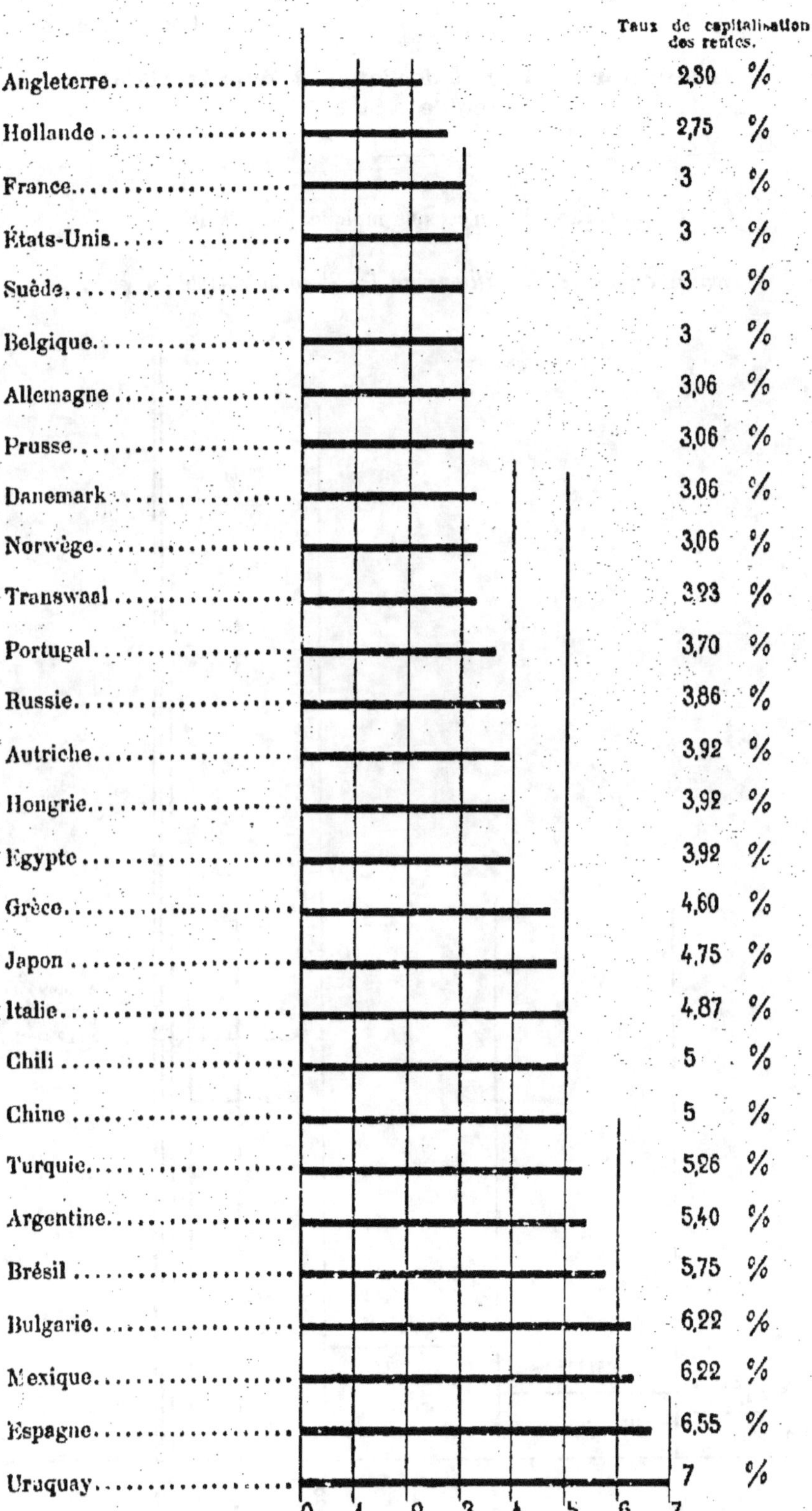

Production de l'or et de l'argent, depuis 1500 jusqu'à 1895.

La proportion d'or n'est pas indiquée jusqu'à 1850

Moyennes annuelles en millions de fer l'argent compté au pair.

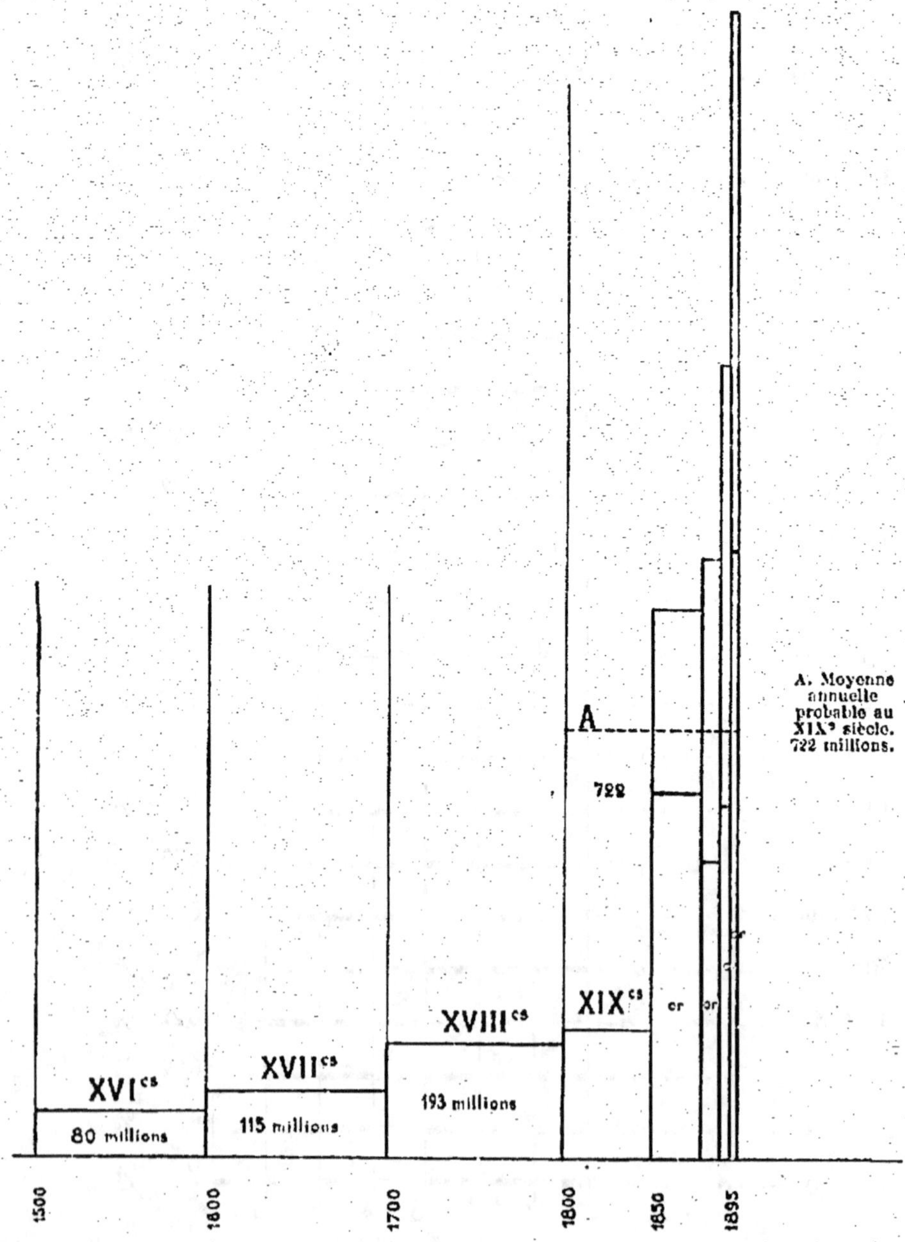

Comparaison entre l'Index Number et la valeur de l'argent.

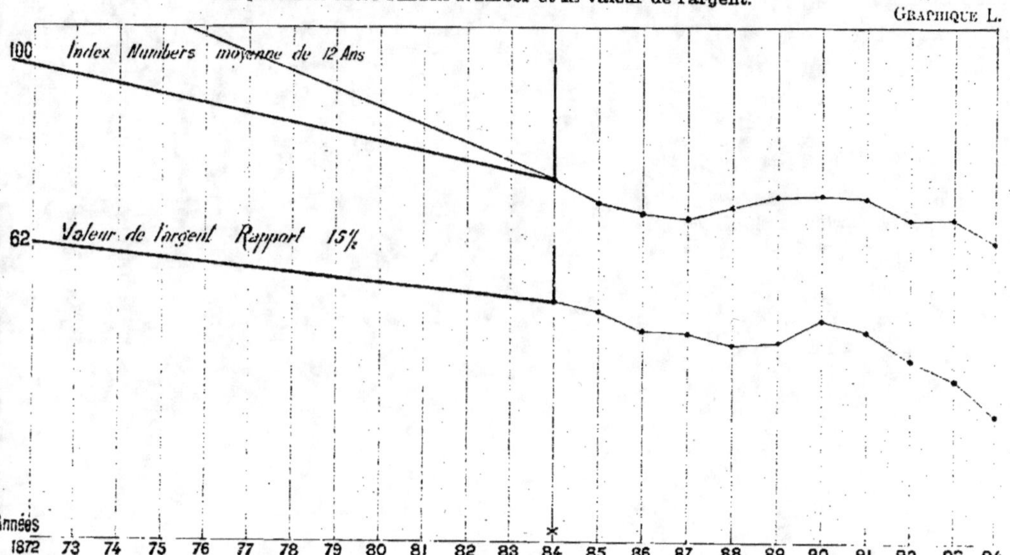

COURS MOYENS MENSUELS DE L'ONCE STANDARD D'ARGENT À LONDRES DEPUIS 1860.

Prix de l'once standard correspondant au cours légal français : 60 d. 11/16 par once.

40 d. 1/16 par once : perte de 1/3 sur le cours légal français